本书得到"首都对外文化贸易与文化交流协同创新中心"经费支持

"一带一路"沿线主要国家文化市场研究系列丛书　　总主编　李嘉珊

国际文化市场研究

RESEARCH ON INTERNATIONAL CULTURAL MARKET

日本卷

JAPAN VOLUME

江新兴　李嘉珊　等

编著

社会科学文献出版社
SOCIAL SCIENCES ACADEMIC PRESS (CHINA)

“一带一路”沿线主要国家文化市场研究
系列丛书

指导单位

中华人民共和国商务部服务贸易和商贸服务业司

编撰单位

北京第二外国语学院国家文化发展国际战略研究院
首都国际服务贸易与文化贸易研究基地
首都对外文化贸易与文化交流协同创新中心
国家文化贸易学术研究平台

总主编

李嘉珊

《国际文化市场研究 · 日本卷》作者

江新兴　李嘉珊　等

总　序

学术外交为媒　连接中国与世界

世界上本没有路，古丝绸之路通过贸易连接起亚欧非人类文明，是商人把各自的文化伴随他们带往异国的香料种子一起沿途播撒，时间久了，走的人多了，也便成了路。今天，当我们以民心相通为基础推进“一带一路”建设之时，更离不开文化的传播与文明的对话。近年来，中外文化交流日益频繁，合作亮点频频，多项中国与共建“一带一路”主要国家文化合作纲要的签署更为中外文化交流与合作创造了不可多得的机遇。文化产业作为朝阳产业在各国发展中的作用和地位日益凸显，越发受到各国政府重视。作为连接中国与世界的重要纽带，文化产业国际合作将成为未来国际发展的新引擎。在双循环与新发展格局背景下，文化贸易是切实推进民心相通的重要纽带，实现文化市场的互联互通是关键。

各国在广播影视、艺术表演、图书版权、动漫游戏、创意设计等领域的发展都独具特色，其中，不同国家和地区的交流与合作愿望强烈。遗憾的是，长期以来有关国家文化市场的信息缺失，中外沟通渠道不畅，在一定程度上成为发展中外文化贸易的主要障碍。

为破解难题、精准对接中国与全球文化市场，推动中国文化产业“走出去”“提质增效”，自 2015 年起北京第二外国语学院国际服务贸易与文化贸易研究团队，汇聚国内外 57 家大学和研究机构的政产学研各界别 70 余位专家。学术交流内容聚焦、特点鲜明，学术合作成效显著。基于平等对话的前提，自信表达中方学术观点，与外方既有思想碰撞又互学互鉴，构建起务实合作的学术交流机制。同时聚焦前沿话题，精准对接中外文化产业资源，推进文化贸易发展。作为学术外交的实践先行者，组建起多支中外合作研究团队启动编撰“国际文化市场研究”系列丛书，搜集、梳理、翻译文献资料，分析、研讨、撰写研究报告，努力将共建“一带一路”主要国家文化市场的情况全面、真实、准确地呈现出来。主要内容包括共建“一带一路”主要国家文化市场发展特点，文化市场供求状况，文化市场政策、资金和人才状况，文化产业国际化状况以及重点文化行业的市场发展状况。

“一带一路”沿线主要国家文化市场研究系列丛书得到中华人民共和国商务部服务贸易和商贸服务业司的支持和指导。“国之交在于民相亲，民相亲在于心相通”，我们将共同见证中国与共建“一带一路”主要国家文化产业的全面合作，期待把文化贸易新篇章书写在“一带一路”倡议实施的征程中！

总主编：李嘉珊

北京第二外国语学院教授

国家文化发展国际战略研究院常务副院长

首都国际服务贸易与文化贸易研究基地首席专家

国家文化贸易学术研究平台专家兼秘书长

2021 年 10 月

目录
CONTENTS

第一章
序言

在全球化浪潮中，文化软实力正逐步占据着越来越重要的地位。文化产业不仅能丰富人们的精神世界、促进经济发展，在提高国家文化软实力方面也起到了推动作用。因此，文化产业愈发受到各国的关注。

日本在文化产业方面是世界上仅次于美国的第二强国，文化产业成为超过汽车产业的第二大支柱产业。这得益于日本自 20 世纪 90 年代中后期实施的“文化立国”发展战略，文化产业借此上升到国家战略的高度。2001 年，日本颁布了具有里程碑意义的《文化艺术振兴基本法》，指出了实现文化艺术立国、振兴文化艺术的重要意义，明确了文化战略在国家战略体系中的重要地位，并于 2002 年、2007 年、2011 年三次颁布了《关于文化艺术振兴的基本方针》，确定了振兴文化艺术的基本理念，制定了振兴文化艺术的政策措施，为文化发展指明了具体目标和行动方向。在对文化的年度财政预算逐步增加的推动下，文化产业总体上进入了产业化转型与升级的新阶段，文化产业创新与融合进程进一步加快。

参照世界各国关于文化产业的概念和对其分类，结合联合国教科文组织的国际标准产业分类，日本文化厅将日本的文化产业按照与文化的相关性从高到低分为 4 个大类，共 18 个领域（见表 1–1）。

表 1–1　日本文化产业分类

核心文化产业	美术、音乐、舞台艺术、文学、博物馆、图书馆、美术馆、电影、照片、设计服务、其他（个人教授业等）
广义文化产业	广播、出版、唱片、游戏、其他（游乐场、娱乐）
文化相关产业	IT、软件、广告
其他文化相关产业	设计服务相关（时装、室内装饰、工艺品等制造、流通、零售业）、其他（文化产业的辅助用品制造业）

注：由日成基础研究所制作。
资料来源：「文化産業の経済規模及び経済波及効果に関する調査研究事業報告書」文化庁、2016 年 3 月。

值得注意的是，在日本的文化产业中，以影视（电影、动画、电视节目）、音乐、游戏、出版（漫画）的制作和流通为主的“内容产业”（コンテンツ産業）高度发达，在日本国内乃至世界都具有极强的竞争力。内容产业的产值在文化产业中占比极高，因此，日本各类产业报告或相关研究中通常用内容产业的数据来研究整个文化产业的走向，翻译界更是直接将“コンテンツ産業”翻译为“文化创意产业”。内容产业的外延也随着产业的发展逐渐扩大，动漫、游戏等产业的周边产品开始被纳入内容产业的范畴之中。另外，在政府最新出台的针对内容产业的补贴政策中，舞台表演艺术也被纳进补贴对象。整体上，日本内容产业的分类越来越呈现与国际标准接轨的趋势。在日本文化市场的研究中，对于内容产业需要给予足够的关注，而这也正是本书研究的重点。

日本内容产业的市场规模超过 10 兆日元，仅次于美国，位居世界第二，尤其是其中的动画、漫画领域备受海外好评。然而，近年由于受人口老龄化、少子化等因素影响，日本国内需求减少，市场规模逐渐趋向饱和，自 2002 年至 2015 年，内容产业的市场规模均在 10 兆日元上下浮动，[①] 并未发生明显变动。随着世界市场的扩大，日本内容产业的全球占比逐年降低，从 2016 年的 8.25% 降低到了 2020 年的 8.17%，并且预计 2023 年将会跌破 8%。[②] 继续扩大已基本成型的日本文化市场是非常具有难度的，因此，日本将聚焦点由国内市场转向国外市场，希望通过开拓海外市场，与其他经济、社会领域合作创造新型市场，以促进文化内容产业发展，提升日本国家品牌价值，从而提高日本国际地位。

① 「デジタルコンテンツ白書 2016」デジタルコンテンツ協会、2016 年 9 月。

② 「コンテンツの世界市場・日本市場の概観」経済産業省、2 頁。

第二章 日本文化市场的发展特点

日本文化市场的发展特点主要可以概括为以下几点。

一　产业链模式突出核心产品

日本文化市场的特点之一是形成了产业链模式，各个产业之间相互联系，相互影响，形成一个统一的整体。在发展文化产品的过程中，日本十分注重开发产品的多重用途，对于一个文化产品，会通过各种媒介技术的创意组合，开发出一系列衍生产品，以提高其附加价值。如日本的漫画作品，最初通过出版社发行销售，之后以漫画形象为原型，运用数字信息技术等制作成动漫、电视、电影、DVD 节目，还可以发行唱片、磁带，甚至进一步开发游戏、玩具、手办、服装等，做到突出核心产品以打开市场，开发衍生产品以拓展市场。不仅是漫画作品，动画、游戏、书籍等不同形式的文化产品，都能以自身为出发点开发衍生产品，延长产业链条，在扩大产品的品牌影响力的同时，也与其他产业紧密联系在一起，并且其他产业又反作用于原产业，互相影响，达到良性循环，从而推动整体经济的发展。

二　成熟的市场体系和运作机制

经过数十年的发展，日本文化市场已经拥有健全成熟的市场体系和运作机制。政府以管理者的身份构建平台、规范执法，其管理范围非常广阔——休闲、培训、娱乐、博彩、歌咏、旅游、参观博览会等都被列入了市场运作。政府根据其所占市场份额、税收比例采取相应的扶持政策，以管理文化市场。① 同时，为推动文化产业的发展，政府并非通过强制手段，而主要是通过

① 熊澄宇:《世界文化产业研究》，清华大学出版社，2012，第 195 页。

以下四类政策法规对文化市场进行立法、引导、管理与辅助。第一类是采取具体的政策手段，如财政政策、金融政策、税收政策、基金扶持等，构建市场政策的基本框架；第二类是制定相关的法律法规，如关于监督管理文化产品、保护知识产权、维护合法权益等内容的法律法规，对文化产业进行约束、管理；第三类是通过政府制定方案，委托学界培养文化产业的专业人才，如东京大学的“内容产业工程专业”、庆应大学的数字媒体与文化统合研究机构等，为文化产业的主体培养大量人才；第四类是政府通过劝告、建议、指导等行政行为方式，直接或间接地影响文化主体活动，从而引导文化产业发展方向。

另外，文化市场的主体，即从事文化经营活动的组织和个人在政府的引导支持下，全面参与到文化产业之中。几乎在每个文化行业领域中，日本都拥有成熟的文化企业队伍，如电影行业有东宝公司、东映公司、松竹公司等，表演行业有四季剧团、宝歌剧团等，出版行业有角川书店、讲谈社等，广告业有电通公司、博报堂广告公司等，这些企业对促进文化产业发展起着相当重要的作用。同时，每个文化行业都有自己的行业协会，这些有着行业自律性的组织在制定行业规则、审查文化产品、维护成员利益方面起到了政府难以替代的作用。① 由此可见，日本文化产业已经达到高度的市场化经营。

三　多元化的投融资模式和渠道

日本文化市场的发展还主要得益于多元化、顺畅的投融资模式和渠道，其为文化产业提供强有力的资金支持，促进各项活动顺利展开。投融资模式包括文化艺术振兴基金、知识产权证券化、企业直接投资、投资联盟体系、证券基金、中小文化企业融资担保体系。② 其中，政府主导的有文化艺术振兴基金和知识产权证券化。前者由政府、民间出资，对团体或个人从事文化艺术的创作和传播进行资助；后者是将知识产权产生的债权利益证券化，主要是为拥有专利权、商标权和著作权的广大中小企业服务，解决其融资难的

① 张胜冰、徐向昱、马树华：《世界文化产业导论》，北京大学出版社，2014，第 193 页。

② 张彬、晏丹：《中日文化产业投融资模式比较》，《商业时代》2012 年第 4 期。

问题，在电影业和动漫产业中，多采用信托著作权方式融资的形式。中小文化企业融资担保体系则是由政府和企业共同出资成立中小企业信用担保公司，为中小企业的贷款提供担保，解决融资难的问题。除此之外，主要是民众、机构和企业的投入渠道。企业直接投资主要通过两种方式进行，一是积极支持赞助各类文化活动，二是出资建设文化产业基础设施。投资联盟体系则是在产业链模式下产生的新型投资模式，由产业链中的多家公司共同投资，例如，一部动漫作品由出版社、广告公司、电视台、电影公司、游戏公司、玩具商等共同投资，保证产品资金来源的同时，分散了投资风险，又调动了参与投资的各公司的积极性；证券基金由日本券商发起成立文化产业基金，吸引日本民众和企业投资，以满足文化产业发展的资金需求。

四 “产学官”结合

日本文化市场的成功很大程度上取决于“产学官”联合的体制。在“产学官”联合制中，“产”指企业，包括中小企业，它主要生产产品，但更要考虑社会需求，了解客户的变化，因此企业拥有大量的市场信息，这是企业的优势。“学”，即大学，以基础教育和研究为中心，科研项目多，科研成果含金量高，独立研究机构的情况也是这样的。“官”既是实体概念（指政府和公共的研究机构），又是虚拟的概念，指政府、公共研究领域、大学、企业管理机构中的协调部分，它的优势在于它的协调职能。①

政府的主要职责是明确发展方向，并提供政策支持、法律保障。1996 年，日本文化厅正式提出了《21 世纪文化立国方案》，标志着日本“文化立国”战略的正式确立。之后，随着互联网通信技术的发展与普及，日本数字内容协会在 2003 年度白皮书中提出，“数字内容产业将对 21 世纪的日本经济发挥重要作用”。2007 年，日本经济产业省发布“内容产业全球化战略”，将这项战略作为日本文化产业全球化战略的组成内容进行推广。2009 年，日本政府更明确地将向海外推销日本流行文化作为今后经济增长的一个战略性策略，

① 尹章池:《文化产业概论》，北京大学出版社，2014，第 123 页。

采取各种措施积极将本国流行文化推往海外市场。正是通过这一系列战略，日本确立了文化产业发展方向，并由此制定了相关文化产业政策及法律。同时，在制定的过程中，政府通过广泛地征集大众意见、协商和说服，最终形成对某个问题的共识，[①]因此，在与文化市场主体沟通一致、协调一致的情况下制定的政策及法律，更能得到大众的认可，从而顺利投入实施。

学术和研究机构主要负责提供关于市场预测、发展前景等信息。其中，在政府的引导下，大学设立与“内容”相关的院系与研究机构，例如，2000 年日本私立大学京都精华大学首次设立漫画专业，实施动漫专业教育，之后动漫专业逐步细化，分成卡通漫画、故事漫画、3D 漫画、数字动漫等，随后更是开设多样化专业课程，从大学阶段起就为特定产业培养实践型人才。同时，为满足市场尖端人才需求，硕士、博士教育课程及相关研究机构也应运而生。

企业也会参与到学术和研究机构中，与大学共同培养实用专业人才，如东京大学研究生院情报学系“内容创造科学产学官合作教育计划”，就是在文部科学省的资金支持下，通过教育机构与产业界合作，为数字内容产业联手培养制作者、技术开发人员及技术指导人员。[②]正是日本学界与研究机构源源不断地培养出大量急需的专业人才，日本的文化产业无论是在内容还是技术上都日趋成熟，达到世界顶尖水平。

以上可以看出，日本企业、学界、政府，即“产学官”三者之间有机结合，互相推动，从而共同促进了文化产业的繁荣发展。

五　数字化

数字技术的发展对于文化产业内容的传播发挥了极其重要的推动作用。日本政府在《日本再兴战略 2016——面向第四次产业革命》中便提到，要以数字内容为中心，运用新型技术方法传播文化、拓展市场。伴随着互联网技术的开发和普及，依赖信息技术革命的数字内容产业更是发挥着主要作用。数字

① 尹章池:《文化产业概论》，北京大学出版社，2014，第 123 页。

② 王树义、陈君:《日本大学动漫人才的培养特点文化产业概论》，《教育评论》2013 年第 5 期。

内容白皮书的数据显示，2007 年日本内容产业的市场规模为 13 兆 8180 亿日元，其中数字内容市场规模为 2 兆 6947 亿日元，占内容产业的比例达 19.5%；到了 2012 年，内容产业的市场规模为 11 兆 8940 亿日元，其中，数字内容市场规模达到 7 兆 5790 亿日元，占内容产业的比例高达 63.7%。

六　国际化

基于“文化立国”的战略定位，日本文化产业很早就开始布局国际市场，以期扩大日本在国际社会的影响。目前看来，这一战略收效显著，尤其是动漫和游戏产业，在国际市场拥有举足轻重的地位。

为进军国际市场，日本政府采取一系列政策和措施，具体如下：促进创新环境的形成并传播其魅力；奠定向海外传播日本魅力的基础；以向海外出口为视野提高文化产业的竞争力；奠定文化产业的基础；文化艺术活动的战略支持和保护利用文化财产；推进国际文化交流和充实日语教育。[①] 同时，日本还推出一系列计划推动日本内容产业国际化发展，如“酷日本”战略、Japan Content Showcase（内容产业综合国际贸易博览会，JCS）、J-LOP 事业、中日韩文化内容产业论坛、亚洲内容产业峰会（ACBS）等。其中，“酷日本”战略所涵盖的范围非常广泛，不仅针对内容产业，还包括衣、食、住、旅游等，其核心是输出日本文化和生活方式的魅力，开拓海外新市场，以促进日本经济发展，2013 年 11 月，政府还设立了“酷日本”机构，为民营企业提供风险资金供给，建设海外商业模型以及培养开拓海外市场人才；J-LOP 事业主要提供本土化、宣传支持，例如，通过内容的字幕、配音等使其本土化，支持其在国际博览会展出宣传，以及通过权利信息的集中化，来推动日本内容产业的海外展开等；JCS 是指电影、电视剧、音乐、动漫等的国际博览会，在每年 10 月举行，例如东京国际音乐市场、东京国际电影节附属市场、东京国际动漫节，向世界集中展现日本内容产业魅力的同时，促进与其他产业的携手，进一步强化海外市场的开拓。

① 尹章池：《文化产业概论》，北京大学出版社，2014，第 123~124 页。

第三章
日本文化产业的概况——以内容产业为例

一　市场规模

根据日本文化厅的统计，2016年日本文化产业国内生产总值达10兆443亿日元（约5855亿人民币），占当年日本国内生产总值的1.9%。①

2018年，日本内容产业市场规模为974亿美元，约占世界市场的8.25%，仅次于美国，位居世界第二。近年来，日本内容产业的增速放缓，在全球市场中的占比逐年下降，预计到2023年将跌破8%。在日本内容产业中，实体内容产业的规模为660亿美元，占比74%，数字内容产业规模为234亿美元，占比26%。预计到2023年，数字内容占比将会提高到35%，而实体内容则会降低到65%。从市场细分领域的占比来看，分别为音乐8%、出版34%、影视33%、游戏17%、周边产品8%。②

在海外市场方面，据日本经济产业省的统计，2016年除日本以外全球主要国家的内容产业市场规模达5898亿美元。其中，日本文化内容产业的市场规模为260亿美元，约占4.4%，低于美国的3158亿美元（53.5%，含本土市场），位列全球第二。从具体行业领域来看，游戏和漫画的市场份额高达20%和37.8%，优势明显，动画在美国强有力的竞争下，也占据9.8%的市场份额。③

二　市场主体和行业协会

内容产业的市场主体主要按制作和流通两个阶段进行分类，制作商多数

① 「文化芸術の経済的・社会的影響の数値評価に向けた調査研究報告書」『文化行政調査研究』（平成30年度）文化庁、2019年3月。

② 「コンテンツの世界市場・日本市場の概観」経済産業省、2–6頁。

③ 「平成29年度知的財産権ワーキング・グループ等侵害対策強化事業におけるコンテンツ分野の海外市場規模調査」経済産業省、2017、12頁。

为制作公司或个人，负责文化内容的创意和制作，流通商多数为传媒企业，从事文化内容的销售、出版、发行、播放和信息传输等业务。表 3-1 为内容产业各领域在制作和流通阶段分别对应的市场主体。

表 3-1 内容产业各领域在制作和流通阶段分别对应的市场主体

	流通商	制片或制作商 / 个人	制作商	参与制作商 / 个人
版权所有	拥有版权 或作为版权交易渠道	拥有版权	拥有部分版权或只接受制作委托而不拥有版权	拥有部分版权或只接受制作委托而不拥有版权
电影	发行公司 音像制品制作公司 电视台	制作委员会（由流通企业出资组建） 电影制作公司（同属制作委员会）	电影制作公司	导演 演员 原作者、编剧
电视节目	电视台	电视台与电视节目制作公司共同拥有版权	电视节目制作公司	演员 编剧
漫画	出版社	漫画家、原作者（出版社代理漫画家版权）	出版社（印刷公司）	—
动画	发行公司 音像制品制作公司 电视台 玩具制造厂商 漫画原作出版社	制作委员会（由流通企业出资组建） 动画制作公司（同属制作委员会）	动画制作公司	动画导演 配音演员 主题曲版权所有者 漫画家、原作者
音乐	唱片公司	唱片公司 音乐出版社 音乐制作公司	音乐制作公司	演唱者 演奏家 词作家 曲作家
游戏	软硬件兼营制造商 软件制造商 网络游戏发行人	流通企业拥有版权或作为开发商的版权交易渠道	开发商 承包制作商	CG 动画制作公司 配音演员 主题曲版权所有者 原作者

资料来源：《日本文化产业介绍报告》，日本贸易振兴机构，2007。

日本几乎每个行业都有自律性的组织或机构，并且深受相关企业的重视，它们不仅会遵守行业的普遍化行为规范，也会积极参加其组织的活动。表 3-2 为与内容产业相关的各行业组织。

表 3–2　与内容产业相关的各行业组织

	销售、发行、播放等	制片或出品商 / 个人	制作商	参与制作商 / 个人	其他
电影	日本映像软件协会（日本映像ソフト協会）	日本电影制作者联盟（日本映画製作者連盟）	日本电影制作者协会（日本映画制作者协会）	日本电影导演协会（日本映画监督协会）	电影产业振兴机构（VIPO） 日本映像国际振兴协会 电影产业团体联合会（映画产业团体連合会）
电视节目	日本民间放送联盟（民放联）	全日本电视节目制作者联盟（全日本テレビ番组制作者連盟）	—	—	VIPO
漫画	—	—	—	日本漫画家协会 漫画日本（マンガジャパン）	—
动画	—	日本动画协会	—	日本动画片协会（日本アニメーション协会）	VIPO
音乐	日本唱片协会（日本レコード协会）	音乐出版社协会	音乐制作者联盟 音乐事业者协会	—	音乐产业・文化振兴财团 日本音乐著作权协会（JASRAC）
游戏	计算机娱乐软件协会（コンピュータエンター テインメント协会、CESA） 网络游戏论坛（オンラインゲームフォーラム）	—	—	—	—

资料来源：《日本文化产业介绍报告》，日本贸易振兴机构，2007，第 53 页。

三　国内业态

（一）电影

日本电影的制作采用制作委员会制度，由音像制品制造商、电视台、电影发行公司、电影制作公司等出资组建。电影版权由制作委员会成员共同拥有，并通过各类流通渠道面向市场发行。

在日本，从事电影创作的主要有电影制作者协会（映画制作者协会）旗下的 58 家电影制片公司与近 1000 家音像制品制作公司。① 参与制作的企业和个人包括：隶属日本电影电视制片人协会（日本映画テレビプロデューサー协会）的 490 名制片人、隶属日本电影导演协会（日本映画监督协会）的 580 名导演、隶属编剧协会（シナリオ作家协会）的 350 名编剧、隶属日本电影拍摄导演协会的 290 名摄像师，以及近 150 家音乐制作公司和录音棚②、近 400家摄影棚③、约160家CG制作公司④和以日本后期制作协会（日本ポストプロダクション协会）102 家正式会员企业为首的近 350 家后期制作公司⑤，另外还包括广大的演员等。

在流通方面，电影制作完成以后，先是通过发行公司发行，在全国 3616 块银幕⑥上放映，这是一次使用。电影发行公司除了东宝、松竹、东映、角川 4 家大型公司外，还有近 100 家独立类和进口类电影公司。电影的二次使用包括 DVD、录像带等音像制品的制作、电视播放、互联网传输等。

在版权交易方面，制片方（即作为投资方的制作委员会成员）拥有电影的发布权。电影发布后，制片方作为版权所有者继续拥有著作权，同时将各流通环节的流通权销售给对应的主体，如影院的上映权、电视台的播放权以及音像制品制作权等。随着数字技术的发展，近年来还新增了互联网传输权。

① 数据来源：根据《UNI 影像年鉴 2004》（『UNI 映像年鑑 2004』）统计。
② 数据来源：根据《UNI 影像年鉴 2004》（『UNI 映像年鑑 2004』）统计。
③ 数据来源：根据《UNI 影像年鉴 2004》（『UNI 映像年鑑 2004』）统计。
④ 数据来源：根据《CG& 影像创作年鉴》（『CG& 映像クリエーター図年鑑』）统计。
⑤ 数据来源：根据《UNI 影像年鉴 2004》（『UNI 映像年鑑 2004』）统计。
⑥ 数据来源：根据日本电影制作者联盟（日本映画製作者連盟）统计。

（二）电视节目

日本国内有 127 家地面波电视台、272 家卫星广播电视台[①]以及 547 家有线电视台[②]。日本民间放送联盟（以下视情简称“民放联”）的202家成员电视台分别在日本电视、富士电视、朝日电视、东京电视、TBS 电视 5 家民营中心台的旗下形成五大体系，面向全国播放电视节目。地方台自行录制的节目数量很少，大多承担为中心台制作和编排电视节目的任务。电视节目的盈利模式与音像制品和电影不同，民营电视台以广告为主要收入来源，终端用户并不用负担相关费用。除此以外，日本放送协会（NHK）主要依靠收视服务费运营。一直以来，电视节目相关权利主要由 NHK 及民营中心台所垄断。

电视节目的录制，除上述电视台外，还有隶属全日本电视节目制作者联盟（全日本テレビ番组制作者連盟）的 73 家企业以及近 1000 家音像制作公司[③]共同参与，所涉及的企业和个人包括：以日本电影电视制片人协会490 名正式会员为代表的制片人，隶属日本电影导演协会的 580 名导演，以编剧协会 350 名会员为代表的编剧，以日本电影电视技术协会（日本映画テレビ技术协会）的 267 家企业、2308 名个人等普通会员为代表的技术人员，近 150 家音乐制作公司、录音棚[④]以及广大的演员等。

在流通方面，一次使用为电视台播放，二次使用则为 DVD 等音像制品制作等，近年来互联网传输的比例越来越大。

在版权方面，电视节目的版权过去多由电视台享有，现在逐渐发展为电视台与节目制作公司共同拥有或制作公司单独拥有。电视节目的二次使用包括：在首播台之外的电视台转播及重播、音像制品制作、互联网传输。在不享有版权的电视台播放节目时，应向版权所有人支付播放权使用费。在日本国内，电视节目的播放以中心台为核心形成网络体系，中心台录制的节目在

---

① 数据来源：根据《日本放送年鉴 2005》统计。

② 数据来源：总务省报道资料。

③ 数据来源：根据《UNI 影像年鉴 2004》（『UNI 映像年鑑 2004』）统计。

④ 数据来源：根据《UNI 影像年鉴 2004》（『UNI 映像年鑑 2004』）统计。

网络内播放量占总数的一半以上，因此国内节目相关交易并不活跃。而且，由于在面向全国播放的节目中，中心台制作的节目占很大比例，因此，版权交易的渠道有向中心台集中的趋势。此外，当电视节目被录制成录像带等音像制品时，音像制品制造商应向版权所有人支付音像制品制作权费。在互联网音像传输方面，互联网平台应向版权所有人支付基于公众传播权的使用费。当节目首播或者重播时，对于电视连续剧等作品的编剧及演员，相关配乐的版权所有人、作词者、作曲者、歌手、演奏家等，在多数情况下，由使用者通过权利人组织向上述权利人支付使用费。互联网传输、音像制品制作时，需要取得许可并支付使用费。此外，将国内制作的节目销售到海外进行播放时，如果在节目录制时没有与各权利人签订以出口为前提的合同，那么在出口时，应重新向相关权利人取得有关在国外播放及向互联网传输的许可。

（三）漫画

日本漫画家协会的会员有 184 名，漫画日本（マンガジャパン）的会员有 60 名，而日本漫画家总数据说在 4000 人左右。日本现有 4260 家出版社，其中经营漫画出版业务的主要是小学馆、讲谈社、集英社、秋田书店、双叶社、少年画报、白泉社、LEED 社（リイド社）等十多家大型出版社。

漫画销售额约占日本国内杂志销售额的 20%、书籍销售额的 27%，漫画成为日本出版界的一个重要领域。漫画行业已形成了由漫画家执笔，出版社负责编辑、装订、印刷后发行，并通过批发商，由书店来进行销售的分工体系。在这一体系中，出版社通常作为漫画家的版权代理人对漫画作品的二次使用权进行管理。

初期，漫画作品通过各大商业漫画期刊的连载进行人气比拼，人气高的作品会出版单行本，待积累了稳定的粉丝群体后，则会制作动画以及开发一系列周边产品。

在版权方面，漫画的著作权归作者即漫画家所有。若存在原作者（如小说改编漫画的小说作者），则原作者也是著作权所有人。多数情况下，漫画家都会和出版社签订代理合同，将著作权管理业务委托给出版社。漫画家在杂志连载时能拿到稿费，出版单行本时能拿到版税。如果漫画被改编成电视动画或动画电影，这属于对漫画作品的二次使用，需要向漫画著作权人支付原作使用费。另外，漫画改编的动画还涉及控制该作品公开的权利。例如，出口该动画时需要得到原作作者的许可并支付使用费。此外，涉及漫画人物形象、元素的周边产品制作，也需要由相关的运营商和制造厂商向著作权人支付使用费。

海外交易主要是漫画出版社和海外出版社之间围绕漫画作品的翻译出版权的交易。著作权人拥有翻译权，同时也拥有控制和发表翻译作品的权利，因此海外出版社需要向著作权人支付翻译权费。

（四）动画

日本动画的制作采用制作委员会制度，由音像制品制造商、电视台、电影发行公司、动画制作公司以及玩具生产商等出资组建。动画版权由制作委员会成员共同拥有，并通过各自所在的流通渠道面向市场进行动画的发售、播放、发行和信息传输。

日本动画的制作以隶属日本动画协会的34家动画制作公司为主体，参与制作的同时还包括约300家制作公司，隶属日本动画协会的100名制作者、编剧、动画家，隶属日本音声制作者联盟的68家会员企业以及约2000名配音演员，另外还有约160家CG制作公司[①]和以日本后期制作协会102家正式会员企业为首的近350家后期制作公司。[②]

在音像制品制作和发行方面，由以日本映像软件协会（日本映像ソフト协会）37家正式会员为代表的音像制品制造商通过批发商向加盟日本映像软件协会租赁系统的5706家录像租赁及零售店供给音像制品。

在电视播放方面，由NHK和民营中心台编排动画节目，同时地方台也进行播放，从而实现全国播放。

动画电影通过电影发行公司发行，在全国电影院的3616块银幕[③]中的部分银幕上放映。PC端和手机端则分别通过平台供应商和NTTDoCoMo、

① 数据来源：根据《CG& 影像创作年鉴》(『CG& 映像クリエーター図年鑑』）统计。

② 数据来源：根据《UNI影像年鉴2004》(『UNI映像年鑑2004』）统计。

③ 数据来源：根据日本电影制作者联盟（日本映画製作者連盟）统计。

KDDI、SoftBank 三家通信运营商进行传输。

在版权方面，动画著作权多归制作委员会所有。若原创动画未采用制作委员会制度，则著作权归电视台或动画制片公司所有。如果是动画电影，则由发行公司向影院提供胶片，并从票房收入中支付上映权费给著作权人。如果是电视动画，则从电视台的广告收入中支付播放权费给著作权人。如果动画制片公司未加入制作委员会，则只向其支付委托制作费用。在音像制品制造和网络信息传输方面，制作商和网络平台运营商需要向著作权人分别支付制作权费和公众传播权相关使用费。另外，涉及动画人物形象、元素的周边产品制作，也需要由相关的运营商和制造厂商向著作权人支付使用费。另外，出演动画作品的配音演员，相关配乐的版权所有人、曲作家、词作家也拥有相应的著作权和著作邻接权，在播放和公开发布动画作品时，需要征得上述权利所有人的许可，并支付相应的一、二次使用费。

（五）音乐

日本国内的音乐市场可分为 CD、互联网在线传输、手机传输、电视和电台播放、音乐会、卡拉 OK 等。在相关权利方面，音乐出版社、唱片公司和音乐制作公司是与母带有关的著作邻接权所有人，词作家、曲作家是著作权所有人，演唱者则是著作邻接权所有人。著作权、著作邻接权的利润分配由管理上述单位和个人的组织来进行。

母带的著作权一般归唱片公司、音乐出版社、音乐制作公司共同所有。在日本，有以音乐出版社协会的 269 家会员公司为代表的 2249 家音乐出版社[①]、隶属日本唱片协会（日本レコード协会）的26家唱片公司和隶属独立唱片制作事业者协会（インディペンデント・レコード制作事业者协会）的 36 家音乐制作公司。音乐 CD 的制作，多由以音乐事业者协会、音乐制作者联盟和日本艺能表演者团体协议会（日本芸能実演家団体協議会）旗下的 287 家会员公司为代表的约 1100 家[②]音乐制作公司参与，并共同享有著作权。与音乐制作公司签约的个人创作者或自由创作者也参与音乐 CD 的制作。个人

① 数据来源：根据日本音乐著作权协会统计。

② 数据来源：《Oricon 年鉴》，日本音乐著作权协会。

创作者包括：音乐制作人、音乐总监、词作家和曲作家（词作家约800人，曲作家约1000人，词曲作家约1300人）①、约7万名演唱者以及以日本编曲家协会（日本シンセサイザープロフェッショナルアーツ）的116名会员为代表的编曲家等。

在流通方面，CD在日本国内的流通由唱片公司通过批发商向1300家唱片店、零售店②以及约3200家音像出租店③提供。互联网在线传输由30多家音乐供应商④进行收费传输，所传输的乐曲由音乐出版社、唱片公司等乐曲母带权利所有人提供。在线乐曲的使用费由供应商向终端用户收取后，再分配给权利所有人，著作权使用费通过相关管理组织分配给词作家和曲作家。

“和弦铃声”和“原唱铃声”是日本特有的手机音乐使用方式。“和弦铃声”是由音乐编曲家在原曲的基础上面向手机传输业务重新制作的乐曲数据，由供应商向终端客户进行收费传输。其使用费由通信运营商收取，返还一部分给供应商，同时通过著作权管理组织分配给词作家和曲作家。“原唱铃声”的乐曲由音乐出版社、唱片公司等乐曲母带的权利所有人提供给供应商，并由供应商进行收费传输。使用费和著作权使用费采取与“和弦铃声”类似的方式，由供应商返还给权利所有人。

日本国内的电视节目和电台广播在播放乐曲时，也要向著作权和著作邻接权的所有人支付相应的报酬。

卡拉OK在日本非常流行，其音源由隶属全国卡拉OK事业者协会的7家卡拉OK制造商旗下的演奏家和编程家制作，然后通过10148家卡拉OK厅、拥有卡拉OK设备的224870家餐饮店和12747家其他相关门店传播到消费者终端。⑤

在版权方面，曲作家和词作家分别拥有其创作的乐曲和歌词的著作权，演唱者拥有著作邻接权，唱片出资制作者则拥有俗称“母带权”的著作邻接

① 数据来源:《Oricon年鉴》，日本音乐著作权协会。

② 数据来源：根据日本唱片商业工会统计。

③ 数据来源：根据日本唱片协会统计。

④ 数据来源：根据RBBtoday统计。

⑤ 数据来源:《卡拉0K白皮书》，全国卡拉OK事业者协会。

权，上述权利人在作品二次使用时可以要求收取使用费。拥有母带权的唱片出资制作者是指首次将声音固定在唱片上的录音者，而负担制作费的唱片公司和音乐制作公司、音乐出版社则单独或根据制作费负担比例共同享有母带权。词作家和曲作家的著作权通常委托给 JASRAC 等著作权管理组织进行管理，并由著作权管理组织负责收取和分配使用费。同样，歌手和演奏家所拥有的著作邻接权也由著作权管理组织收取和分配使用费。

在 CD 制品销售等一次使用方面，由唱片公司基于复制母带的复制权和向公众提供音像制品的转让权，支付使用费给母带权所有人、著作权人、著作邻接权人。同时，唱片公司通过著作权管理组织将著作权使用费支付给著作权人及著作邻接权人。在二次使用方面，电视节目和电台广播在播放乐曲时，著作权人可以因公众传播权，著作邻接权人可以因商用唱片二次使用的请求权而要求收取二次使用费。

在卡拉 OK 和手机和弦铃声的传输方面，通过著作权管理组织对著作权人支付使用费。

在互联网音乐传输服务和手机原唱铃声传输方面，由传输运营商根据下载次数向母带权所有人、著作权人、著作邻接权人支付使用费。与此同时，互联网音乐传输服务和手机原唱铃声的运营商通过著作权管理组织向著作权人和著作邻接权人支付著作权使用费。

（六）游戏

1. 家用机游戏和 PC 游戏

家用游戏机的硬件制造商有任天堂、索尼计算机娱乐公司（Sony Computer Entertainment，SCE）、微软等 3 家企业，这 3 家企业同时销售游戏机硬件和游戏软件。93 家 CESA 的正式会员企业以及约 40 家软件制造商[①]与上述硬件制造商签订授权协议，发售游戏软件并成为权利所有人。在游戏制作方面，兼营软硬件生产的制造商和大型软件制造商除在本公司内自行开发之外，有时也委托给开发制作公司进行开发（约 200 家[②]）。大型开发制作公司不仅接

① 数据来源：根据 Media Create Co. td 调查所得。

② 数据来源：Media Create 综合研究所，Town Page。

受委托加工，还和游戏软件制造商签订授权协议，从而保障本公司所开发的游戏软件的相关权利。

上述制造商内部的开发部门和开发制作公司的下游，是承担部分制作的制作公司和个人软件开发者，他们充当制作人、监制、编程、美工、编剧、音乐制作者等各种角色，参与软件制作业务。

在流通方面，制造商发行的家用游戏机软件产品通过约 20 家代理商[①]配送至游戏机专营店、唱片店（销售游戏光盘）等 29582 家零售店[②]进行销售。另外，SCE 还拥有不通过代理商直接向零售店发货的渠道。

2. 网络游戏

在市面上约300款网络游戏[③]中，有原创开发的，也有从海外引进的，还有在家用机游戏的基础上获得使用许可权后进行开发的。这些产品由以网络游戏论坛（オンラインゲームフォーラム）的 26 家会员企业为代表的 100 家网络游戏发行商来进行传输。

网络游戏的制作途径与家用游戏机软件相同，有发行商内部开发的，也有和开发制作公司或和海外企业签订使用许可协议后进行制作的。在此基础上，承担部分制作的制作公司和个人软件开发者也参与到网络游戏的制作过程当中。

在流通方面，发行商和受发行商委托的运营公司建立了相关体系并运营网站，游戏用户通过信用卡、充值卡或购买游戏点券等方式来支付费用。另外，消费者还可以到包括日本复合咖啡吧协会（日本複合カフェ協会）的 259 家会员公司在内的网吧享受网络游戏。

3. 手机游戏

手机游戏包括专为手机开发的原创游戏以及经家用游戏授权后移植到手机平台上的游戏。在运营方面，既有游戏软件制造商自主运营游戏网站的情况，也有开发游戏的权利所有人委托运营商运营的情况，此处的运营商一般是指移动内容论坛（モバイルコンデンッフォーラム、Mobile Content

① 数据来源：根据 Media Create 综合研究所统计。

② 数据来源：根据《电视游戏产业白皮书》（『テレビゲーム産業白書』）统计。

③ 数据来源：根据《网络游戏论坛白皮书》（『オンラインゲームフォーラム白書』）统计。

Forum）的 222 家会员企业中负责经营游戏的运营商。无论是哪种情况，都是通过 NTTDoCoMo、KDDI、SoftBank 三家手机通信运营商进行数据传输并收费的。

在版权方面，家用游戏软件的著作权多归发售软件的游戏软件制造商所有。作为发售方的制造商如果委托其他开发制作公司开发软件，那么开发制作公司将享有相关权利，并可以从发售方那里获得权利收益。如果游戏的原作是漫画或动画，那么游戏作品就属于二次产品，需向原作的著作权人支付二次使用费。同时，在游戏中出场的配音演员享有著作邻接权。对于游戏中所用音乐的曲作家、词作家、歌手、唱片出资制作者，也要基于各自的著作权和著作邻接权支付二次使用费。当游戏被改编成动画时，动画制作委员会等要支付基于改编权的权利费。涉及人物形象、元素的周边产品制作时，也需要向游戏制造商支付相关的许可费用。

在多数情况下，网络游戏的著作权归负责开发和运营的发行商所有。在网络游戏的海外发行方面，既有向本公司海外法人提供服务的情况，也有向海外发行商授权并按月收取相应使用费的情况，海外运营商需要支付初始使用许可费和每月使用费。

第四章
日本文化产业的资金保障

资金对推动文化市场正常运行起着重要作用，日本文化市场的高度成熟化、经营化很大一部分原因是日本充足的资金供给，其在投资上采用政府和民间共同投入的方式，融资则主要依赖企业、公司参与和资金赞助，形成了以民间为主、中央和地方政府为辅的多元化投融资机制，[①] 这种机制也积极促进着日本文化产业的发展。

一　投资模式

（一）政府投入

日本政府高度重视文化产业，目前在政府引导下，已经形成中央政府推动、地方政府和民间共同投入文化产业的局面。2013~2018 年，日本中央政府对文化厅投入的财政预算金额逐年增加，如表 4-1 所示，从 1033.42 亿日元增长到 1077.29 亿日元。特别是 2018 年，相较前一年金额增加 34.57 亿日元，涨幅高达 3.32%。其中，为推动文化产业发展，文化厅新增“国际文化艺术发信据点形成事业”一项，预计投入 12.50 亿日元，以提高国际发信力、打造品牌化、与民营企业共同合作、有机结合相关领域等为目标积极推动实施；同时新增“地方美术馆 · 博物馆集群的形成”一项，预计投入 12.48 亿日元，通过支援地方美术馆、博物馆，以落实“文化艺术立国”的重点战略。

① 齐春燕：《日韩文化产业发展模式比较研究》，《研究与教育》2012 年第 12 期。

表 4-1　日本文化厅的财政预算金额（2013~2018 年）

单位：百万日元，%

年份	财政预算金额	与上年比增加额	与上年比增长幅度
2013	103342	142	0.14
2014	103592	250	0.24
2015	103793	201	0.19
2016	103965	172	0.17
2017	104272	307	0.30
2018	107729	3457	3.32

资料来源：日本文化厅，http：//www.bunka.go.jp/seisaku/bunka_gyosei/yosan/。

在投入的同时，日本政府还通过税收优惠政策，鼓励私人投资文化产业。自 2004 年 4 月起，日本废除了对文化艺术从业者征收 10% 所得税的规定，日本政策投资银行也自 2004 年起，开始向民间动漫等内容产业制作者提供长期的低息融资贷款。①

（二）政府和民间合作

日本最常见的投资形式便是政府和民间共同投入，政府创立各种基金会、机构等，引导民间资本资助文化产业。其中，最典型的是艺术文化振兴基金会，其创立目标是为日本文化艺术活动提供良好的市场环境、支持团体或个人从事与文化艺术相关的创作和传播，促进文化艺术事业发展。基金会的资金来源包括政府出资 541 亿日元，民间出资 132 亿日元。资助对象主要分为两大类：一是舞台艺术，如音乐、舞蹈、演剧、传统艺术、艺术创造活动、国内电影节等；二是文化财产，如村落、自然景观、民俗文化财产、工艺保存技术等。然而近年来，基金会资助情况整体处于下降水平，如表 4-2 所示，2010~2016 年，艺术文化振兴基金会资助件数由 2010 年的 804 件下降至 2016 年的 718 件，相应的资助金额也从 14.67 亿日元下降至 10.44 亿日元。

① 李彬、于振冲：《日本文化产业投融资模式与市场战略分析》，《现代日本经济》2013 年第 4 期。

表 4-2　艺术文化振兴基金会资助件数和资助金额（2010~2016 年）

单位：件，百万日元

年份	资助件数	资助金额
2010	804	1467
2011	814	1423
2012	745	1266
2013	686	1130
2014	686	1133
2015	658	1030
2016	718	1044

资料来源：日本艺术文化振兴会，http：//www.ntj.jac.go.jp/kikin.html。

近年来，日本"酷日本"机构备受关注。2017 年 4 月，机构所有资金中，585 亿日元来自政府出资，107 亿日元来自民间出资，另外还包括民营企业等协调出资，这些资金通过公司单位等投入市场中，以支持海外事业的开展，到 2018 年 1 月为止，共计投资 25 个项目，约 529 亿日元。其中，媒体・内容产业等投资金额最高，约 209 亿日元（见图 4-1），占总投资的 40%。艺术文化振兴基金会与"酷日本"机构的一个共同特点便是政府主导、政府与民间共同出资，这也在一定程度上解决了政府财政资金有限的问题。

（三）企业直接投资

企业是日本文化市场中的重要主体，因此企业对市场的直接投资也占了总投资相当大的比例。他们对文化产业的投资主要通过两个方面实现：一是支持赞助各类文化活动，获得活动冠名权，以提高企业知名度及宣传企业形象，如富士通公司举办的世界围棋超霸赛等；二是出资建设高质量的文化艺术场馆，支持文化产业基础建设，日本众多博物馆和美术馆就是由企业出资建设的，如创价协会建造的富士美术馆等。①

① 张彬、晏丹：《中日文化产业投融资模式比较》，《产业观察》2012 年第 4 期

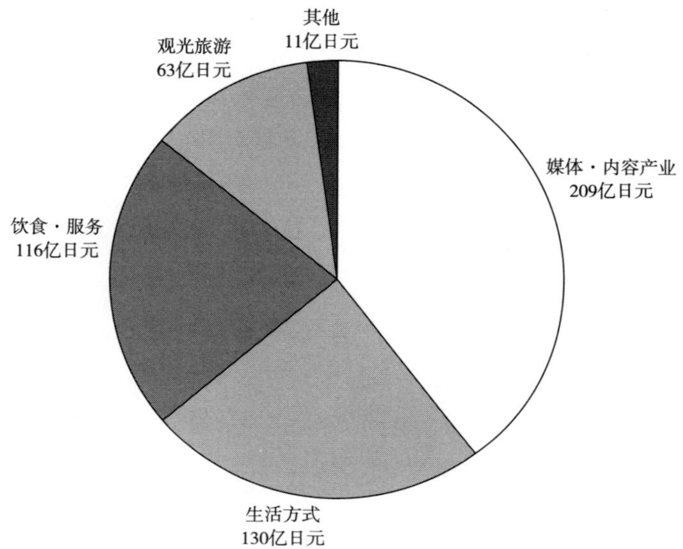

图 4-1 “酷日本”机构各领域投资金额预算情况

资料来源：「商務・サービスグループ．クールジャパン機構について」経済産業省、2018 年 1 月。

二　融资模式

文化市场的融资模式一般可以分为两类，一类是内源性融资，主要指企业自有资金和自筹资本；另一类是外源性融资，主要包括金融中介融资、商业银行信贷、债务融资和其他的融资手段，以下详细介绍日本文化市场常见的融资模式。

（一）制作委员会融资模式

传统的日本文化市场融资主要是文化企业自有资金和自筹资本。如日本动画产业，在 20 世纪 60~90 年代以电视播放为主要流通平台，其制作资金主要来自电视播放费。之后伴随着市场的逐步扩大，电视台和广告公司开始注重动画作品的版权收益，在 1995 年左右开始引入由数家企业组成的具有事业共同体性质的作品制作委员会融资模式，对作品版权进行掌控，从而获得作品再使用带来的收益。

同时，随着文化市场产业链的逐渐完善、延长，仅依靠电视台、广告公司的资金已无法满足动漫产业发展的需要，因此从2005年开始，日本动漫产业进入了“媒介组合战略”时代。① 除电视台、广告公司之外，“媒介组合”还包括总承包制作公司、DVD销售公司、出版社、玩具公司、游戏软件公司等文化企业，他们共同出资成立了制作委员会，制作委员会具备一定资金实力，发挥着统筹全局的作用。广告公司将赞助商提供的广告费交给电视台后，由电视台向制作委员会支付动漫作品的播放费以购买播放权，制作委员会将项目管理工作交给总承包制作公司，由其细化具体的制作业务，分配给下包制作公司，以完成一部作品的整个制作流程。制作委员会还可以通过动漫作品的版权，获取卡通商品、DVD光盘、书籍、游戏软件、周边等衍生产品的销售收入和版权使用费，以获取更多利润。最后，参与制作委员会融资的“媒介组合”会按照融资比例对利润进行分成。

（二）知识产权担保融资模式

企业的外部融资主要来源于银行，银行以货币贷款的方式提供资金。尽管银行贷款融资方式成本较低，但是对于项目风险、企业信用和资质要求较高，因此难以满足规模、资金等多方面不及大型企业的中小企业。尤其是文化企业，其以经营文化产品为主，而文化产品多属于无形资产，难以具体量化，因此进一步增加了融资风险。为解决这一问题，日本政府增设了知识产权融资模式，通过修改一系列相关法律扩大信托对象范围，在信托对象中增加了文化产业的著作权，② 便于文化企业筹集资金。同时，文化企业还可以将产品的知识产权交给政府成立的专门的知识产权管理公司，该公司以证券的形式将知识产权投入市场供企业和投资家买卖，以收取的专利使用费作为发行证券的原始资本，将发行知识产权证券化的部分盈利返还给文化企业。日本文化产业中的电影、动漫、漫画、游戏等内容产业多采取这一形式。

① 尹良富:《日本动画产业的主流投资模式——作品制作委员会模式及案例分析》,《现代传播》2012年第1期。

② 李彬、于振冲:《日本文化产业投融资模式与市场战略分析》,《现代日本经济》2013年第4期。

（三）中小文化企业融资担保体系

此外，日本政府和企业还共同出资成立中小企业信用担保协会。日本各个都道县设立了信用担保协会，此外还包括横滨市、川崎市、名古屋市、岐阜市，共计 51 家。信用担保协会对中小企业向金融机构贷款一事进行担保，同时与日本政策金融公库公司缔结再保险契约（中小企业信用保险），当中小企业无力偿还资金时，协会从政策金融公库公司领取 70%、80% 或 90% 的保险金额，偿还给金融机构。通过这一担保体系，促使金融机构贷款给中小企业，一定程度上解决了融资难的问题，促进了文化产业的发展。

（四）新型融资方式

随着文化市场竞争愈发激烈，为进一步推动文化产业发展，日本也在不断实施新的融资方式，如与外国企业合资经营、模仿欧美预先出售知识产权等。其中，日本为中坚、中小型企业推出的一种独特的新型融资方式是，通过投资育成公司，与银行合作进行投融资的事业。投资育成公司即东京中小企业投资育成股份公司，1963 年由日本通商省设立，是作为政策实施机构向中小企业提供资金支持的公司，其运营资金主要来源于国家、地方公共团体、金融机构等，1986 年后成为独立法人代表的股份公司，目前在日本共成立了 3 家。对于新设企业，传统企业是由创业者自已出资建设新企业，而投资育成公司的运作方式是，与企业、客户企业等共同出资建立 SPC（特别公司），并与银行合作，由银行提供融资资金，将 SPC 筹集到的所有资金全部用于建设新设企业，并且，投资育成公司虽然作为持有股份的股东，但不参与对象企业的具体经营活动，因此不仅解决了资金不足、银行融资难的问题，还充分尊重对象企业的经营自主性。

文化市场资金不仅是文化市场运行的基础，更是推动文化市场发展的动力源泉，为此日本政府、企业、机构均相应做出了一系列调整措施，致力于开发多元化、顺畅的投融资模式和渠道，这也是文化市场后续发展仍需坚持的目标之一。

第五章 日本文化产业的人才培养

日本实施“文化艺术立国”的战略，先后四次制定“关于文化艺术振兴的基本方针”，提出文化专门人才的培养目标——“培养担负继承、发展和创造日本文化艺术的人才”，即继承日本民族传统文化的精髓、结合时代特征和社会进程发展日本文化体系、创造新的文化理念和文化精神以丰富日本文化内涵的人才。同时，日本经济产业省和文部科学省也多次发布白皮书提出培养专门化程度高的专业人才，同时也于2014年提出建设超级国际化大学计划，致力于在全球化背景之下培养和引进高技术高端人才。企业和社会团体也大力支援专门人才的培养和海外进修，这为文化产业从业人员的专业化提供了很多机会。

一　政府对人才培养的支持

（一）为文化产业人才的培养提供良好的法制环境

2001年颁布的《文化艺术振兴基本法》、2002年颁布的《知识产权基本法》、2003年颁布的第一版《知识财产推进计划》、2007年颁布的《知识产权战略大纲》等，为人才培养提供了有力的法律保障，创造了良好的人才培养环境，有效地保护了智力成果，从而促进人才培养的顺利开展。

（二）为文化产业人才的培养提供交流平台和全球化的网络①

在文化产业人才的培养上，政府大力建设文化创意产业园区和创造都市。以金泽市为例，为把金泽市创造成时装产业都市，政府发布《时装产业都市宣言》，确立以时装产业构造为中心，开展大学、美术馆以及企业的合作活动，同时政府又在金泽开展国际贸易博览会方面提供补助资

① 易华:《日本继续教育文化创意人才培养的成功经验及其启示》,《继续教育》2014年第8期。

金，招揽全国甚至是全世界的企业或者人才，为时装产业的交流搭建沟通平台。

同时，大力开拓国内和海外市场。以内容产业为例，日本经济产业省和文部科学省专门成立内容产品海外流通促进机构，针对国内市场的需求采用不同形式的促进方式，建立人才国际交流网络，从而充分提高从业人员的积极性，促进文化产业的快速发展。

（三）为文化产业人才的培养提供政策支持

基础人才是产业的未来，为此政府大力支持儿童的创作，特别是对其设计、手工、绘画能力的培养。同时，增强小学以及中学学校教育中学生对创意的实际体验，设立青年创造者培养基地，加大专科学校和大学对留学生的招收力度等。以内容产业为例，日本经济产业省在《内容产业的现状和今后发展的方向性》(『コンテンツ產業の現状と今後の発展の方向性』) 中强调，能够促进内容产业发展的人才是具有创造性的人才。在培养创造性人才上，在电影和电视剧领域中因为新进创造人才的表现机会少，所以提出要大力为新进人才提供实习机会，开发人才的能力。在动漫领域中，大力支持培养精通 3D 技术的国际通用型人才，在大学等教育机关设立重点专业，与美国等拥有高端电影、映像技术的国家的教育机关进行留学院校合作，支持海外留学，培养制作人才，同时也与动漫制作公司进行合作，实现“产学联合”，进行专业文化知识与实际技能的传授，促进人才培养和实践。

培养国际化通用型人才。首先大力支持对国内专门人才的培养，主要是对国际化的制作人等的大力培养；其次大力支持输出日本留学生，到海外一流的人才培养单位进修等。

进行日本传统文化价值观的教育，推进对能继承传统文化、传统艺术的人才的培养，进而活用传统文化遗产，促进地域文化产业的振兴，同时也向世界展现日本的传统魅力。

推进国际文化交流和日语教育的推广，着力培养能向各国输出的日语教师，同时也大力接收海外留学生。

二 教育机构对人才培养的践行

以动漫行业的人才培养为例，2000 年，日本私立大学京都精华大学在艺术系设置漫画专业，这是在日本大学中首次设立漫画专业。经过十几年的发展，日本许多学校都陆续开设了动漫相关专业。同时，随着数字技术的推广，3D、CG 等新技术专业也开始开设。各大学校培养的一批批新技术人才，极大地满足了动漫产业多样化的专业人才需求。

文化产业对于人才的实践能力要求很高，学生不仅要掌握理论知识，还要具备实际操作的能力。因此，学校除了开设实用技术课程供学生实践之外，也积极与相关企业展开“产学合作”。比如，一些学校的动漫专业就聘请动漫领域的一线从业者前来授课教学，用亲身的从业经验带领学生培养专业实践能力。2004 年，东京大学在文部科学省支持下，推出为期五年的“内容创造科学产学官合作教育计划”，目标就通过学校和企业联合，培养具有实用性的高水平制作者、技术开发人员以及技术指导人员。

三 企业、社会团体对人才培养的辅助

日本文化产业虽由政府大力推进但并不是政府全权包办，而是在市场操作下运行的。企业和社会团体通过参与和支援一些大型的文化活动，也培养出了一大批电影领域、出版领域、广告领域的创意人才。此外，企业内部对员工的培训和员工的实习也是培养文化产业人才的一个重要途径。比如，日本国内的 400 多家动画制作企业就培养出了一批批以宫崎骏为代表的优秀动漫人才，他们都是国际顶尖的原画大师和动画导演，向日本乃至世界输送大量的有价值的文化作品，这是非常可观的成就。①

政府、学校以及企业形成三螺旋结构，互相合作共同促进文化产业人才的培养和输出。在政府指导、教育机构实行、企业联合辅助之下，共同培养出一系列各层次的文化产业人才。

① 王树义、陈君:《日本大学动漫人才的培养特点》,《教育评论》2013 年第 5 期。

第六章 日本文化产业的政策

从20世纪70年代后期开始，日本各地方政府就很重视地方文化建设，特别是1977年宫崎县知事提出“行政的文化化”，1978年神奈川县知事提出“地方的时代”口号后，日本各地开始将文化振兴作为地方建设的重心，各种行政措施都围绕文化展开，这成为各地政府发展本地文化的一个重要契机。为了丰富本地居民的精神生活，各地政府都制定了分权化、多样化、个性化的发展目标，为文化发展创造了有利环境，大力挖掘、开发本地的特色文化。中央政府也大力支持各地的文化建设，自治省实施了“家乡事业”项目，支持各地的公共文化设施建设。各地方政府借助中央财政支持建设了很多文化会馆、历史民俗资料馆、博物馆、美术馆和艺术中心。①

日本的文化产业在几十年的时间内取得了举世瞩目的成就，对日本战后经济的恢复和日本产业结构的转型起到了巨大的推动作用，其背后成功的原因离不开相关政策的支持。

一　国家总体发展的战略规划高度重视文化产业

在“二战”后，日本经济深陷泥潭，国民经济几乎处于崩溃的状态。因此，当时的日本政府官员、经济学家等为了使日本经济早日恢复，实现经济的增长，确立了“经济立国”的战略方针，政府实施一系列的经济措施，如出台相关的经济立法、减免企业的税收、大力鼓励发展对外贸易和实体经济，通过上述的措施，日本经济建设取得了巨大的成功。在20世纪80年代，日本成为仅次于美国的全球第二经济大国，完成了经济立国的预期目标。但是，在20世纪90年代，随着日本泡沫危机的爆发，日本经济陷入低谷，实体经济、制造业遭受到巨大的打击。因此，在这种背景下，日本政府

① 赵静:《21世纪日本文化政策的重点及启示》,《日语学习与研究》2013年第2期。

为了尽快打破经济发展的瓶颈，改变经济低迷的状况，在国家的经济发展战略中强调传统的“贸易立国”的同时，提出了“文化立国”方略，确立了文化产业在经济发展中的重要地位，希望通过大力发展文化产业，给日本经济带来新的活力和发展动力。为此，日本政府在1990年成立了由相关专家和权威人士组成的“文化政策促进会议”，作为文化厅长官的咨询机构。1995年，“文化政策促进会议”提交了《新的文化立国目标——当前振兴文化的重点和对策》，初步提出了“文化立国”的战略构想。1996年，文化厅提出了《21世纪文化立国方案》，将对文化进行重点投资和全面推动文化基础设施建设作为面向21世纪振兴文化的重要课题，这成为“文化立国”战略正式实施的标志。[①]1996年总务省公布了《文化行政的现状和课题——面向21世纪的艺术文化振兴和文化遗产保护》，提出要将振兴文化艺术和保护文化遗产作为文化行政的重要课题，初步确立了日本21世纪文化发展的大体方向。1998年文化厅公布了《文化振兴总体规划——为了实现文化立国》，阐述了文化立国的原因、措施和文化立国的政策体系。明确了“文化立国”这一战略目标的重要意义，指出了要将传承、振兴民族文化作为21世纪日本文化行政的重要内容，强调政府文化部门要重视文化产业的发展和对文化人才的培养，并要积极对外传播本国的文化。[②] 2001年，日本确立了“知识产权立国”战略，要在十年内成为世界第一知识产权国。2004年5月，日本政府出台了“文化产业振兴政策”。2007年5月，日本发布了《亚洲门户构想》的报告，提出了“推进基于日本文化产业战略的政策”。其中附件2《日本文化产业战略》成为日本文化产业的新的纲领性文件，认为文化产业对内可培育经济增长点，促进经济发展，对外则可以扩大日本的影响力、提升国家软实力、打造本国文化产业品牌。该文件把文化产业发展置于国家战略高度，重点提高日本文化产业的宣传传播力和国际竞争力，并要求各级政府今后在该战略基本思路的基础上出台具体政策措施，推进其贯彻实施。2009年4月，时任日本首相的麻生太郎宣布了一项“未来开拓战略”，

① 常静竹:《日本文化产业政策及对我国的启示》，硕士学位论文，河北大学，2012。

② 根本昭:《日本的文化政策》，劲草书房，2001，第40页；赵静:《冷战后日本文化发展战略简析》，《日本学刊》2010年第6期。

其中提出了许多旨在发展文化产业的目标，包括在2020年实现以时尚和动漫为主导的内容产业出口规模扩大10倍等，这一系列战略举措为日本文化产业的发展繁荣提供了良好的战略环境，为日本经济的产业结构转型和升级提供了政策基础。[①] 2010年，日本确定了“文化产业大国战略”。围绕这一战略，日本政府还推出了一系列政策，以法律法规等制度形式将“文化立国”战略固定下来。这一战略的确立，使日本文化产业的发展进入一个崭新的时代。日本文化产业重大战略政策详见表6-1。

表6-1 日本文化产业重大战略政策

年份	重大政策	核心观点
1995	《新的文化立国目标——当前振兴文化的重点和对策》	初步提出了“文化立国”的战略构想
1996	《21世纪文化立国方案》	明确将文化产业视为和工业同等重要的国民经济基础产业。继续扩大国际文化交往，在文化上做出日本应有的国际贡献，并致力于文化的传播与交流
2001	《文化艺术振兴基本法》	提倡国家要对民族的传统文化给予支持
2002	《知识产权基本法》	提高法律审判效率、加强防盗版对策、增进国际合作、增强国民知识财产意识等有关内容和建设知识财产大国的全方位思考、步骤及措施
2004	《文化产品创造、保护及活用促进基本法》（统称《文化产业促进法》）	“内容制作—传播—终端”全部价值链条的促进规划，覆盖人才培养、技术研发、资金筹措、产权保护、海外推广的基础建设，建立“政产学研”合作、中央地方合作的支持体系
2007	日本文化产业战略	促进创新环境的形成并传播其魅力；奠定向海外传播日本魅力的基础；围绕海外提高强化文化产业的竞争力；奠定文化产业的基础；文化艺术活动的战略支持和保护利用文化财产；推进国际文化交流和充实日语教育
2009	《日本品牌战略——让软实力成为经济增长动力》	提出把动画、漫画等产业定位为“软实力产业”，综合性推进这些产业的振兴和海外拓展
2010	文化产业大国战略	尽力拓宽融资渠道，加大国际业务分量，提高技术革新、合作效益，广纳贤才。同时，促进海外扩张，在投融资、税制、保险等方面加大支持力度

资料来源：笔者自制。

① 李海霞:《日本文化产业战略思想及其启示》,《现代日本经济》2010年第6期。

二　国家出台相关的财政和金融等政策支持文化产业的发展

为了促进日本文化产业的进一步发展，日本政府及相关部门出台了大量的财政和金融的优惠政策来鼓励文化产业及相关企业的发展。

在财政政策方面，日本政府首先投入大量的财政资金，设立文化保护基金，通过财政补助，来促进文化产业的发展。例如，为了鼓励民众参与到文化建设事业中，促进对日本传统手工艺和传统的非物质文化遗产的保护，日本政府投入了大量的资金来促进对其保护。在日本，文化厅每年会选定被称为“人类国宝”的非物质文化遗产传承人，被选定的传承人能从国家拿到200万日元的补贴。另外，日本政府还注重采取政府牵头、企业参与共同发展日本文化产业的方式。在政府层面，设立专门的文化厅和地方的文化部门，对全国及其地方的文化产业发展状况进行调查，对相关的文化企业、文化组织，实施直接的政府资金支持和税收的减免，这极大地缓解了日本文化企业和文化组织的财政压力，使他们可以全身心地投入文化建设之中。同时，因为政府对相关积极参与文化事业建设的企业提供免税、减税的政策支持，加上企业也想通过参与相关的文化事业来达到宣传企业形象和提高企业自身知名度的目的，[①] 日本的大多企业都积极参与到文化建设之中，设立企业文化资金，来资助文化产业的发展。“企业支援文化艺术活动”就是1989年在京都召开的日法文化名人会议上发起的，此后日本各种有关“企业支援文化艺术活动”的讨论会和讲座如雨后春笋般涌现出来。有些企业专门设立相关部门负责文化事业的建设，例如，日本啤酒企业的巨头朝日啤酒公司就非常热衷于支持文化事业的建设，其主要做法是：（1）对相关的美术展览、文艺演出或者日本的重大体育比赛进行冠名支持；（2）对于年轻有为的青年文化方面的人才和组织，每年提供定量的资金支持，来促进其成长和发展；（3）通过该公司所属的财团给予

---

① 张爱平、何静：《日本文化产业》，山东教育出版社，1996。

资助。

在金融政策方面，日本实施建立文化产品开发的投资联盟体系，[①] 主要是通过政府、金融机构以及相关的文化企业和组织共同展开对文化产品的投资与开发。这样做的好处是，一方面分担了文化企业投资的风险，使它们有信心、有资本进行新产品的研发与市场的开拓；另一方面，这也为相关的文化企业和文化组织提供了更加广阔的资金来源，大大地缓解了其资金压力，为他们解决了资金的困难。例如，由宫崎骏执导、编剧的动画电影《千与千寻》于 2001 年 7 月 20 日在日本上映，该片在日本最终取得了 304 亿日元的票房，同时在 2003 年获得奥斯卡金像奖最佳长篇动画奖，该片在全世界范围内拥有数量众多的粉丝。这部影片成功的背后，就是来源于日本实施的文化产品开发的投资联盟体系。当时，影片的制作于 2001 年 7 月上旬才全部完工，此时已经没有很多的时间进行宣传，投资方东宝株式会社于是拿出大量的资金在日本 47 个都道府县进行免费试映活动，以此来提高影片的知名度。影片在 10 天时间内吸引了 10 万名观众入场观看，这对电影后来取得巨大的成功起到了重要的推动作用。同时，日本政府大力支持文化企业股票和债券的发行，积极促进相关有实力、影响力大的文化企业积极上市。这有效地改善了文化企业的资金结构，拓宽了公司的融资渠道。例如，日本的电影巨头东宝株式会社一年的收入超过了 200 亿日元，其在发展的过程中，就抓住了上市的好时机。不仅促进企业自身的发展，提高了企业的知名度，而且扩大了企业的海外影响力，成为全球闻名的电影巨头集团。另外，日本政府积极发展风投事业，有效地控制投资与收益的比重。风投企业为了寻找高收益的投资热点，经常和日本的一些文化企业进行合作，共同开发相关产品。他们从产品的初创期开始对项目进行跟踪，直到产品推出市场。这样不仅对产品的开发有全面的质量把关，也对产品的销售有推动作用。

① 甘旭峰等:《日本文化产业发展经验对我国文化产业振兴规划实施的启示》,《当代财经》2010 年第 6 期。

三　国家和地方政府出台相关法律法规保障文化产业的发展

日本的文化产业法是由信息产业、新闻出版业等一系列的相关法律共同构成的法律体系。在日本，政府主管文化产业的部门主要有文部科学省、经济产业省、总务省。这些政府部门通过制定有关法律法规，对文化事业进行监管和保障。

从 1996 年日本确立《21 世纪文化立国方案》开始，日本制定了大量专门的法律、法规来促进文化产业的发展，为产业发展提供强力的法律保障。2000 年批准通过了《IT 基本法》，为信息产业的发展提供了法律保障。2001 年制定了知识产权立国的方针，提出要把日本建设成知识产权强国。同年通过了《文化艺术振兴基本法》和《著作权管理法》，其中的“文化艺术”主要是指文学、电影、漫画等各种文化产品，其主要目的在于对文化艺术振兴提供各种支持，让国民在享受丰富的物质生活的同时，也可以享受文化艺术活动带来的精神的满足;《著作权管理法》则主要强调电影、漫画、相关文化产品的版权保护问题。2002 年制定的《知识产权基本法》则是利用特许权、著作权等知识产权法为文化产业的发展从法律上给予保护，为文化产业提高国际竞争力打下扎实的基础。[①] 2004 年，日本正式公布《文化产业促进法》，主要保障内容产业的创造、保护与运用。同时，政府对内容产业投入超过 100 亿美元，用以推动日本文化产业的发展，促进日本经济的健康发展。2005 年，日本经济团体联合会推出了新的“知识产权推进计划 2005”。该计划将日本文化产业发展的重点聚焦在文化市场、国际知识产权等问题上，进一步提高了日本文化产业的国际影响力和竞争力。2007 年，为了打击盗版电影，保护电影厂商的合法权益，日本政府邀请相关的专业人士制定并实施了《防止电影偷拍相关法案》，对盗版企业和个人处以高额的罚金，情节严重的给予起

---

① 饶世权:《日本文化产业的立法模式及其对我国的启示》,《新闻界》2016 年第 11 期; 饶世权:《日本文化产业法律制度及其启示》,《出版科学》2016 年第 2 期; 泷泽意伲:《日本文化产业的发展与启示》,《国际贸易》2006 年第 10 期; 张胜冰、徐向昱、马树华:《世界文化产业导论》，北京大学出版社，2014。

诉、拘留的处罚。

此外，日本还设立相应的机构部门来确保相关法律得到实施与贯彻。同时，日本在制定相关法律时，注重切合市场发展的实际状况，并且随着时间的推移，不断地对相关的法律进行修订和完善，极大地促进了日本文化市场的健康发展。日本围绕文化产业制定的法案与政策详见表 6–2。

表 6–2　日本围绕文化产业制定的法案与政策

年份	月份	名称
1971	5 月	《日本著作权法》
2000	11 月	《IT 基本法》
2001	1 月	e-Japan 战略
	12 月	《文化艺术振兴基本法》
2002	11 月	《知识产权基本法》
2003	7 月	知识产权推进计划
	8 月	e-Japan 重点计划 2003
2004	4 月	内容产业振兴政策
	6 月	《文化产业促进法》
2005	6 月	知识产权推进计划 2005
2006	12 月	《观光立国基本法》
2007	8 月	《防止电影偷拍相关法案》
2010	4 月	《日本著作权法》（修订版）

资料来源：由笔者根据公开资料整理。

四　大力发展科技，促进文化产业进一步发展

当今世界，国与国之间竞争的本质实际上就是国家间科技水平的竞争。随着经济全球化和互联网技术的不断发展，科技的力量被各国日益地重视。日本的文化产业之所以能够取得骄人的成绩，离不开强大的科技支撑。为了促进本国高新技术水平的提高，日本政府花费了巨大的人力、物力。同时，政府还加强与研究机构、企业、教育机构的联系，形成完善的“产、学、官、

研”的开发模式。[①]这一模式有效地发挥了各自的强处与优势，极大地促进了日本高新技术水平的提高。首先，政府出台相关的优惠政策和相关的法律政策，为高新技术事业的发展创造了一个良好的外部环境。例如，2010年经济产业省在《文化产业大国战略》中着重强调了通过科技创新来夺取世界文化产业的领先地位的发展理念。研究机构专注于科技创新，每年从国家和相关合作的企业中得到大量的资金支持。例如，经济产业省于2002年实施“新战略和技术创新促进计划”，提供超过百亿美元来支持高新技术的发展。其次，日本的教育机构针对文化企业发展的实际需要，培养大量的专门人才，为文化产业项目的实施建立了强大的人才储备库。例如，日本动漫产业之所以能够取得巨大的成功，其主要原因是日本拥有大量的动漫专门学校，培养了许多的专门人才。最后，文化企业积极地运用最新的高新技术来开发文化产品，推动产品的创新，极大地缩短了科研成果和科研应用之间的时间转换，生产效率不断提高。例如，2010年被称为“3D产业革命”年，日本的松下电器、索尼公司等企业都投入大量的资金用于进行3D产品的开发，特别是索尼的3D眼镜在全球范围内占据了大量的市场份额。同时，在电子出版方面，索尼和国立图书馆、大型出版社等联合起来，共同进行电子书籍的开发与销售。相关部门多次召开座谈会议，共同研讨，促进了日本电子出版业的飞速发展。在这种模式指导下，日本高新技术得到了迅猛的发展，文化产业的国际竞争力也有了飞速提高。

五　鼓励文化产品出口，积极开拓海外市场

首先，由于文化产业对日本经济的推动作用日益显著，日本政府积极鼓励相关文化企业、文化产品积极走出国门，开拓海外市场。2002年，日本的文部科学省和经济产业省联手建立了民间的“内容产品海外流通促进机构”，拨专款支持该机构在海外市场开展文化贸易与维权活动。[②]后来，文部科学省

① 常静竹：《日本文化产业政策及对我国的启示》，硕士学位论文，河北大学，2012。

② 张胜冰、徐向昱、马树华：《世界文化产业导论》，北京大学出版社，2014；赵政原：《日本拓展文化产业的经验及对我国的启示》，《世界经济与政治论坛》2008年第5期。

又设立了“文化艺术基金”，经济产业省设立了“产业海外展开基金”，在世界各国设立了大量的文化交流和研究机构，如日语教学和留学生赞助项目等。2011年，为了进一步扩展海外业务，日本经济产业省又制定了“酷日本”战略。2011年，“酷日本”战略预算为9000万人民币，确立相关的政府资助项目，同时以中国、韩国为目标，向其介绍日本动漫、音乐等内容产业和日本的衣食住行等文化，赋予日本文化更高的附加价值，来满足海外国家旺盛的需求，同时培养日本国内相关产业的专门人才。“酷日本”战略的主要做法有以下几点：一、在海外创造“日本热”，提升日本文化在海外的魅力；二、在当地搭建相关的销售平台，确立专门的销售渠道，培养专门的销售人才；三、在海外召开相应的宣讲会，由此吸引更多的海外人士到日本进行观光旅游，带动其相关产业的发展。2012年5月，日本的经济产业省发布了委托欧洲的罗兰贝格公司制作的《关于加强创意产业海外扩展的调查报告》。该报告书包含了日本海外文化输出的成功案例，还对日韩两国文化产业的海外扩展策略现状进行了比较，同时对中国、法国、泰国等国家的文化市场进行了全面而又深入的分析，号召“日本的企业有机整合”，共同开拓海外市场。①

其次，积极为本国文化企业打造贸易平台。2009年，日本最大的官民投资基金“产业革新机构”成立，最高投资额可达9000亿日元。2012年2月，该基金投资60亿日元设立“全日本娱乐工厂”，致力于本国动漫、影视、游戏、玩具等向海外推广。同年4月，投资150亿日元成立“出版数字机构”，对日本图书进行电子化并翻译，推动日本文学通过信息化渠道向海外传播。同年5月投资12亿日元与日本大型网络供应商Nifty公司合资成立新公司“GLOZUS”，为日本中小企业利用网络向海外销售文化内容设立商务平台，并提供各种支援和咨询服务。

最后，日本政府积极寻找机会促进本国文化企业与国内外大型企业合作，推动日本文化产业与相关产业的对接搭桥，为此，经产省投入资金10亿日元进行项目策划。

① 杨建兴：《“酷日本”引领下的文化产业总动员》，《中国文化报》2012年9月5日。

第七章
日本文化产业的国际贸易

一 政府推进文化产业国际化的举措

20 世纪 90 年代，日本泡沫经济瓦解，国内经济开始进入持续低迷状态。截至 2001 年，日本经济虽不景气，文化产业却继续保持快速的增长态势。1996 年日本政府正式提出“文化立国”的国家战略，强调文化产业在经济发展中的重要性。1995~2002 年对日本经济的调查数据显示，日本文化产业的增长率为 58%，而同期日本 GDP 的增长率却降低了 0.5 个百分点。截至 2005 年，日本文化产业的市场规模达到了 12 万亿日元，仅次于美国的约 34 万亿日元，位居世界第二，同时也远超中国约 2 万亿日元的市场规模。其中，海外市场规模达到 2599 亿日元，仅次于美国。2005 年 7 月，日本政府发表的《将日本打造为文化交流的和平国家》报告书中明确了日本的“文化外交战略”，决力向全世界推广日本文化，主打“日本文化产业进军全世界”的口号，向世界展现日本文化的魅力。

日本在向海外进军中成就最显著的就是以电子游戏、动漫、流行音乐为中心的文化产品，尤其是动漫的全球市场的份额高达六成以上。当前，日本国内的文化市场需求减少、市场规模逐渐趋向饱和，因此日本加大力度推进文化产业拓展海外市场。哈佛大学教授约瑟夫·奈于 1990 年最早提出“软实力”的理论，并于 2004 年出版的《软实力：世界政治中的成功之道》一书中对“软实力”的概念进行了补充，这在日本的文化学者中引起了很大的反响。约瑟夫·奈认为，软实力的 3 个资源中最重要的就是文化资源，特别是能吸引其他国家国民的大众文化的影响力尤其引人关注。受其“软实力”理论的影响，日本各界，尤其是政界和文化界很快达成共识，一致认为提高日本文化产业的国际影响力，传播日本文化魅力对提高日本国际地位将具有极其重大的意义。进而日本政府制定了一系列的推进方针和政策，如把日本文化介绍到海外、提升日本文化软实力、树立日本的国家品牌形象、增加文化产品的文化含量，上以政策带动了日本文化产业的飞速发展，每年都创造出高达上万亿日元的品牌附加值。[①] 2016 年，日本文化产业产值近 63 万亿日元，在各产业中仅次于制造业，显示出其强大的国际竞争力，日本已悄然从经济大国转变为名副其实的文化大国。从国际化方面比较看，日本的文化产业也已居世界领先地位。据日本经济产业省的统计，全球文化产业的市场规模将于 2020 年达到 900 万亿日元，日本计划通过推动文化产业出口将“人气”转变成新商品，以获得 8 万亿 ~11 万亿日元的海外市场规模，可见日本对海外文化产业市场开拓的信心。

日本政府推进文化产业国际化的举措包括以下几个方面。

（一）发掘文化资源，巩固文化基盘

日本经济产业省 2010 年颁布的《面向文化产业立国——将文化产业作为 21 世纪主打产业》白皮书中将文化产业分为内容、时装、食品等，这些组成日本文化产业的文化资源使日本堪称“文化资源大国”。日本是一个国土狭小、自然资源匮乏的国家，如何变成一个“文化资源大国”？正所谓价值不是存在的，而是创造的，日本利用已具备的文化资源，提出富有创造力的想法，打造与自然环境相适应的独特的生活方式，在政府的不断开发下，发掘具有日本特色的文化资源。

政府在各个都市会进行文化振兴活动。比如 2008 年 3 月，福冈亚洲都市研究所发表了《关于“文化产业”振兴中中日都市之间的研究报告书》（以下简称《报告书》），通过调查中日之间都市发展的各种成就以及不足，吸收经验，借鉴方法，促进中日都市之间友好合作的开展。《报告书》中列举了在日本“文化产业”振兴背景之下具体的都市发展，主要是响应日本文化厅的艺术文化振兴、日本经济产业省的内容产业振兴以及知识产权立国、日本文化产业战略等政策，围绕“创造都市”发掘都市文化与艺术。不仅使都市实现再生，也丰富了日本的文化资源。以横滨的都市振兴为例，以文化产业为中心，培养创新型人才，建设集聚影视内容产业的“影视文化都市”。1988 年

① 唐向红、李冰：《日本文化产业的国际竞争力及其前景》，《现代日本经济》2012 年第 4 期。

日本政府发表了《再生历史的都市建设纲要》，由于横滨曾是历史古城，因此保留了很多历史建筑物，横滨市就以这些历史建筑物为基础建立了很多影视拍摄的基地，相关一系列的文化产业也应运而生，产生了新的价值。

（二）建立投资、融资机构，壮大文化产业

文化产业的发展中不仅有政府的预算投资，还有很多企业、团体以及民间组织的投资和基金投资等。政府对文化事业投入的预算 2012 年为 1032 亿日元，2016~2017 年的预算如表 7–1 所示。

表 7–1　日本政府 2016~2017 年对文化事业的预算

单位：百万日元，%

机构	2016 年预算额	2017 年预算额	相比 2016 年	
			增减额	增长率
文化厅	103965	104272	307	0.3

资料来源：《我国的文化政策（2017 年度）》，日本文化厅，2017 年 7 月。

由表 7–1 可知，2017 年日本对文化事业的预算为 1042.72 亿日元，比 2016 年增长 3.07 亿日元，这表明日本政府对文化发展的重视。政府还鼓励建立文化产业投资基金和融资机构。以基金管理公司作为媒介，一些大型企业通过对文化产业基金的投资，吸收文化产品的技术，进而为本企业的事业发展服务。2006 年日本政府修订了《信托业法》，确立了民事信托和商事信托的共同实体法，允许以电影、动画等文化产品为内容的知识产权持有人通过资产证券化的手段和途径进行社会融资活动。该信托协议规定，将电影软件的销售权作为信托财产进行信托，由住友信托银行作为受托人，将信托财产进一步划小单位以后，再转让给投资者，投资者可以从电影软件的销售中获得相应的受益权。这样一来，拥有知识产权的企业就可以提前实现影像资产资金化了。[①]

① 唐向红、李冰：《日本文化产业的国际竞争力及其前景》，《现代日本经济》2012 年第 4 期。

（三）搭建平台，促进国际文化交流

日本政府积极促进与海外都市之间的交流合作，建立友好交流合作都市。比如在与中国的交流中，日本多个府县都有自己的合作省份，如日本静冈县与中国湖北省的友好合作等。此外，日本也积极地举办各种各样大型的国际文化主题活动，如1964年的东京奥运会、1970年的大阪世博会、1998年的长野冬季奥运会以及2005年日本爱知世博会等，都带来了可观的经济效益。日本政府为了将文化产品推广到海外，每年还专门拨出5亿日元专款，资助日本的电视剧、动画和游戏软件等参加世界上的各种文化交流活动，进行广告宣传。为了保护文化产品的知识产权，日本有关部门还设计了附有难以仿造的“日本文化”标识的专利商标，从2006年起盖在所有日本的光碟和游戏软件上，以防止盗版。日本文化产业一步步地打入海外市场，提高国家文化产业的竞争力。

（四）制定“酷日本”政策，全面进军海外

1.“酷日本”政策内涵

这是一项由于少子老龄化加剧、日本国内需求减少，为拓展市场、激活不景气的经济，全面面向海外消费群体开展的政策。该政策主要着眼于受到全世界年轻人热爱的日本动漫及其相关延伸文化产业，试图将这种不能复制的无形的日本独特的文化魅力推广到世界，以在世界范围内塑造一种亲日的文化心理格局，从而通过在海外“打造日本热→构建商品网络→刺激粉丝消费”层层递进，拓展海外市场，提高日本文化产品的国际竞争力，增强国家影响力。

2.“酷日本”政策的提出和完善

随着日本文化产业的崛起，作为面向海外市场、主打实现国际化口号的“酷日本”政策的提出也不是一蹴而就的。2002年5月，美国《外交政策》刊发了学者道格拉斯·麦克格雷的文章《日本国民酷总值》，文章中对日本以动漫为主的文化在国际上的影响力给予了高度评价，道格拉斯也指出这实际上就是国家“软实力”的一种表现。2003年，文章被翻译成日文，开始引起

日本社会的广泛关注，“酷”这一概念受到民众的热捧，也引起众多学者、政府官员和企业家的讨论。同年，日本内阁成立专门政策机构——“知识产权战略本部”。之后，日本政府通过该战略本部提出系列政策及措施，将“酷日本”概念纳入国家战略范畴。日本数字好莱坞大学校长杉山知之在《走俏世界的酷日本（2006）》中最早提出要向世界输出“酷日本”，在2009年日本内阁通过了《新成长战略——实现辉煌的日本》，首次正式使用“酷日本”一词。[①] 根据2018年日本经济产业省最新制定的“酷日本”政策概要中，可以看出日本政府对于“酷日本”政策的不断完善。“酷日本”政策发展历程（截至2018年）详见表7-2。

表7-2 “酷日本”政策发展历程（截至2018年）

年份	月份	重要事件
2007	5月	颁布《感性价值创造国家宣言》，提出提高日本魅力和创造价值
	6月	确立2008~2010年作为感性价值创造年
2010	6月	经济产业省设立“酷日本海外战略工作室”
2011	7月	创设“生活文化创造产业课”
2012	12月	设置“酷日本战略担当大臣”
2013	2月	组织“酷日本战略推进会议”
	6月	发布《“生活文化创造产业国际交流协会”的总结》
	11月	设立“海外市场开拓机构（酷日本机构）”
2014	8月	第2期酷日本会议提出“酷日本提言”
2015	6月	第3期酷日本会议提出“酷日本战略官民协作创造”
	12月	设立酷日本官民协作平台
2017	7月	创设“酷日本政策课”

资料来源：「クールジャパン政策について」経済産業省商務・サービスグループクールジャパン政策課、2018年11月。

日本政府在推进“酷日本”战略中持续不断做出努力，通过政府的鼓励和促进，推动“酷日本”战略的全面展开，特别是通过官民协作，在全球化趋势之下，共同促进日本文化产业的国际化发展。

① 白如纯、唐永亮:《试析“酷日本”战略及其影响》,《国际论坛》2015年第1期。

3. “酷日本”战略的重点市场以及产业

在日本经济产业省 2010 年 6 月发布的《面向文化产业立国——将文化产业作为 21 世纪主打产业》白皮书中，明确了文化产业的海外重点市场以“以中国为中心的亚洲圈”和“欧美”为目标，以媒体、内容产业为中心轴推广“时装”“食品”“日用品”等产品。日本海外市场拓展部门也考察相关海外市场，在不同的国家推进不同的文化产业，符合当地需求，促使日本文化相关产业快速融入和适应当地。根据竞争力高低，确定亚洲特别是中国、韩国是时装、媒体内容（音乐、动漫、电影、综艺节目、动画、出版、游戏）和日本食品的重点海外市场，西欧和美国是媒体内容产业和日用品的重点海外市场。通过政府和民间企业的共同投资建设，促进文化产业走出日本。截至 2021 年 2 月，“酷日本”机构统计的对海外市场拓展的投资金额为 1013 亿日元，其中政府出资 906 亿日元，民间出资 107 亿日元。投资主要用于：促进具备日本魅力的商品及服务平台的构建，为日本的商品和服务提供流通渠道，为能够向世界展现日本地域魅力的企业提供支持。以内容产业为例，投资情况如表 7–3。

表 7–3　“酷日本”政策下内容产业海外相关支援

内容	目标国家 / 地区	投资主体及金额	概要
面向海外日本内容产品网络销售	全世界	Tokyo Otaku Mode 15 亿日元	开发向海外传播日本以漫画、动画为主的流行文化的媒体、电子商务
面向海外娱乐节目的制作	亚洲（中国台湾、泰国等）	吉本实业等 10 亿日元	向亚洲各国 / 地区通过电视节目宣传日本，开展地域特产的销售
在海外开设日本频道	全世界	SKYPerfecTV 44 亿日元	在世界 22 个国家开设日本内容产业的收费频道，促进地域特产的销售和吸引入境旅游消费人员
在亚洲多地举办演唱会	亚洲(新加坡等)	Zepp 演唱会电视网等 50 亿日元	在亚洲多地设置音乐会、娱乐设施据点

资料来源：「クールジャパン政策について」経済産業省商務・サービスグループクールジャパン政策課、2021 年 2 月。

与此同时，在海外重点市场输出的重点文化产业中，国内政府大力促进地方特色文化的开发以及文化资源产业化转型，加大财政投资力度。2016 年针对日本文化产业中内容产业国际化建设项目投资预算额为 60 亿日元，2017 年利用先进内容产业技术促进地域振兴预算投资 1 亿日元，对“故乡特产”开发进行支援的预算投资额为 13.5 亿日元，对传统工艺品的振兴进行支援的预算投资额为 11 亿日元，可见推进“酷日本”战略不仅使得日本文化产业不断开拓海外市场，也带动了日本国内的地域文化产业的振兴和发展，同时促进日本文化产业的国内和海外市场的双赢。

4.“酷日本”战略的影响

日本政府提出“酷日本”战略，虽然其本质仍是利益驱动的结果，但是向世界传播了日本文化，使更多的人了解、接受了日本动漫以及相关文化。而且，在推进“酷日本”战略的同时，促进了国家软实力的增强，同时增加了同海外国家 / 地区之间的交流与合作，拓展了外交空间和促进了国家文化的发展。①

二 文化企业对国际化的积极响应

（一）企业的整合

日本经济产业省在相关白皮书中提出，为了提高国际竞争力，改变文化企业小而散的状态，需要对文化产业进行跨领域的横向联合的强化，比如强化“时装”“内容产业”“观光旅游”“饮食文化”的横向合作等。通过资金的融通、技术引入和经营组织方式的改善从横向做大单个企业。以索尼公司为例，索尼通过自身的强大，收购美国的哥伦比亚等大型传媒公司，增强了音视频产品的开发能力，提高其自身的竞争力。

（二）企业的创新

为积极响应政府的号召，同时也为提高在国际上的科研创新能力和竞争力，中小企业积极提高产品的开发创新能力，引进创新型人才，促进产品的

① 张光新、李可:《“酷日本”战略及其对日本外交的影响》,《东北亚学刊》2017 年第 2 期。

开发和销售，从而增加在激烈的竞争之中存活的概率。

（三）企业的参与

企业不仅参与到文化产业的创新之中，也积极参与与文化产业相关的国际交流活动。“在日本，举办大型文化交流活动大都可以得到企业的参与和赞助。比较典型的是日本数码信息内容公司（JDC），该公司早在 1998 年就设立了总额达 7 亿日元的东京多媒体基金（TMF），后又追加设立了 8 亿日元的第二基金。TMF 的投资对象，由每年 4 次举行的公募活动决定，在每次公募活动中，要从全国的制作公司所选送的 30 件至 50 件作品中进行挑选，挑选标准除了有关艺术的固有要求以外，主要是考虑投资的回报率。2011 年在上海举办了‘上海日本文化周’，旨在将日本东北大地震中强力复兴的日本风貌以及熠熠生辉的日本文化的天生魅力，通过中国时尚前沿地——上海，向中国全域传递。日本商工俱乐部和一些文化企业参与了这次文化周活动，发挥了重要作用，确保了文化周的成功举办。许多日本企业也经常通过捐资的方式来参加文化活动。目前，大约有 800 家的日本企业拥有自己的博物馆和美术馆，经常展出自己的文物、产品和美术收藏品等。”①

三　日本文化产业的国际贸易现状——以内容产业为例

据日本经济产业省的统计，2016 年除日本以外全球主要国家的内容产业市场规模达 5898 亿美元。其中，日本文化内容产业的市场规模为 260 亿美元，约占 4.4%，低于美国的 3158 亿美元（占比为 53.5%，含美国本土市场），位列全球第二。从具体行业领域来看，游戏和漫画的市场份额分别高达 20% 和 37.8%，优势明显。动画在美国强有力的竞争下，也占据 9.8% 的市场份额。从地区来看，日本内容产业在海外市场占比最高的地区依次为欧洲 39%、亚太 35.5%、北美 21.9%。②

① 唐向红、李冰：《日本文化产业的国际竞争力及其前景》，《现代日本经济》2012 年第 4 期。

② 「平成 29 年度知的財産権ワーキング・グループ等侵害対策強化事業におけるコンテンツ分野の海外市場規模調査」経済産業省、12-13 頁。

第八章

日本文化重点产业及市场发展现状

一　电影电视产业

在日本文化市场中，近年来文化产业的发展是非常迅速的，文化产业中的内容产业的发展是主要推动力，在内容产业中电影电视的发展是不容忽视的，随着数字化多媒体的发展，电影电视的发展也更上一层楼，以更加先进快捷的方式为人们提供娱乐享受，其发展前景不仅广阔也更具有挑战性。

日本电影业于 2008 年在宫崎骏的带动下攀上了历史新高峰，本土片以高达 59.9% 的市场份额，完胜海外片（40.5%）。2009 年，受美国金融危机和全球经济衰退的影响，日本虽然出现了发达国家中最为严重的经济危机，但电影市场却继续保持了 2008 年的良好状态。2010 年，日本电影市场进一步扩大，全年票房总额超过 2207 亿日元，再创历史新高。①

目前，日本电影产业主要由负责电影企划和制作的制作公司、保障电影公映的银幕数量和进行电影广告宣传等的发行公司以及运营电影院的院线公司三大部分构成。电影制作公司中除了东宝、松竹、东映、角川四大电影公司外，近年来还有媒体资源丰富的富士电视台、日本电视台、朝日电视台等电视台以及小学馆、讲谈社等出版社，爱贝克斯、阿斯米克王牌等演艺娱乐公司，东映动画、吉卜力工作室等动画制作公司，电通、博报堂等广告公司以及实力雄厚的三菱、住友、三井等商社也积极参与电影制作。电影发行公司包括四大电影公司，GAGA、KLOCKWORX 等独立发行公司以及 20 世纪福克斯、沃尔特迪斯尼电影等外资电影公司。院线公司主要有松竹集团的松竹影院、东宝集团的 TOHO 影院、东映集团的 T-JOY 影院、收购了华纳麦凯乐影院且在日本国内拥有最多银幕数量的永旺集团的永旺娱乐、收购了

① 唐向红、李冰：《日本文化产业的国际竞争力及其前景》，《现代日本经济》2012 年第 4 期。

角川影院和联合影院的罗森集团的罗森 HMV 娱乐国际影院以及其他单厅影院等。

（一）日本电影行业的发展历程

日本电影的起源最早可以追溯到 1899 年，当时是以活动拍摄为主。1930~1950 年，东宝、日活、松竹等电影公司摄影所成立，电影逐渐成为具有大众性的娱乐活动，被大众所需求。进入 20 世纪 50 年代，电影便迎来了黄金时期，成为日本娱乐业的王者，当时著名的日本国产电影五大公司分别是松竹、东宝、东映、日活以及大映，其中松竹、东宝、东映三家电影公司还拥有不动产，实力相当雄厚。1951 年，大映公司勉强将黑泽明导演的《罗生门》送往意大利的威尼斯参加电影节。这部制作精良、内涵丰富而颇具哲理性的影片在威尼斯电影节获得了金狮大奖。《罗生门》的获奖犹如一声春雷，极大地震动和鼓舞了日本电影人。1958 年，日本国内观影人次达到 11.2 亿，创下历史最高纪录。进入 60 年代后半期，由于电视机在日本家庭的普及以及旅游和弹珠机等娱乐活动的多样化，电影市场开始萎缩甚至长期停滞不前。1961 年新东宝公司倒闭，1971 年大映公司倒闭，同时日活公司也由于经营不佳而放弃电影的制作与发行，转而开始制作桃色电影。70 年代的日本电影行业更是出现危机，从产业和质量水准两方面浮出水面。同样 80 年代，由于录像带租赁行业的兴起，电影院数量以及入场人数都呈现减少的趋势，1988 年，日本每块银幕的平均票房收入仅为 8075 万日元。进入 90 年代，日本国内泡沫经济瓦解，国内电影人口继续减少，1993 年，日本国内电影院数量减少到有史以来最低，1996 年国内观影人次减少至 1.196 亿，略超过高峰期的 1/10，创下历史最低纪录。总体来说，90 年代日本国产电影的发行收入一直低于外国电影，即使在 1997 年的《幽灵公主》创下当年票房奇迹的情况下，日本电影的发行收入也只占总发行收入的 41.5% 而已。①

进入 21 世纪的日本电影在艰难中逐渐开始走“复兴”之路，总体情况见表 8-1。

① 靳丽芳:《2009 年日本电影产业的光和影》,《电影艺术》2010 年第 5 期。

表 8-1　日本 2000~2020 年的电影数据汇总

年份	银幕总数（块）	上映电影数量（部）			入场观众人数（万人）	平均票价（日元）	总票房收入（百万日元）			市场份额（%）	
		本土片	海外片	总数			本土片	海外片	总额	本土	海外
2000	2524	282	362	644	13539	1262	54334	116528	170862	31.8	68.2
2001	2585	281	349	630	16325.8	1226	78144	122010	200154	39	61
2002	2635	293	347	640	16076.8	1224	53294	143486	196780	27.1	72.9
2003	2681	287	335	622	16234.7	1252	67125	136134	203259	33	67
2004	2825	310	339	649	17009.2	1240	79054	131860	210914	37.5	62.5
2005	2926	356	375	731	16045.3	1235	81780	116380	198160	41.3	58.7
2006	3062	417	404	821	16458.5	1233	107944	94990	202934	53.2	46.8
2007	3221	407	403	810	16319.3	1216	94645	103798	198443	47.7	52.3
2008	3359	418	388	806	16049.1	1214	115859	78977	194836	59.5	40.5
2009	3396	448	314	762	16929.7	1217	117309	88726	206035	56.9	43.1
2010	3412	408	308	716	17435.8	1266	118217	102521	220737	53.6	46.4
2011	3339	441	358	799	14472.6	1252	99531	81666	181197	54.9	45.1
2012	3290	554	429	983	15515.9	1258	128181	67009	195190	65.7	34.3
2013	3318	591	526	1117	15588.8	1246	117685	76552	194237	60.6	39.4
2014	3364	615	569	1184	16111.6	1285	120715	86319	207034	58.3	41.7
2015	3437	581	555	1136	16663	1303	120367	96752	217119	55.4	44.6
2016	3472	610	539	1149	18018.9	1307	148608	86900	235508	63.1	36.9
2017	3525	594	593	1187	17448.3	1310	125483	103089	228572	54.9	45.1
2018	3561	613	579	1192	16921	1315	122029	100482	222511	54.8	45.2
2019	3583	689	589	1278	19491	1340	142192	118988	261180	54.4	45.6
2020	3616	506	511	1017	10613.7	1350	109276	34009	143285	76.3	23.7

资料来源：「日本映画製作者連盟」，http://www.eiren.org/toukei/data.html。

可见，进入 21 世纪，日本电影行业逐渐回温，不仅电影制作的数量逐渐增长，日本本土电影的比例也在逐渐变大。2012 年，本土电影以压倒性的优势占据了总票房收入 2/3 的份额，呈现日本电影正在走向复苏和亲土疏洋化的倾向。在扭转日本本土电影逐渐赶超海外电影的过程中，贡献比较大的就是动画大师宫崎骏的动画电影的发行，比如2001年的《千与千寻》创下304亿日元的票房，占日本电影市场全年票房收入的15.2%。2004年的《哈尔的移动城堡》再次凭借196亿日元的成绩跃居票房首位，同时《在世界中心呼唤爱》也取得85亿日元的票房。2008年的《悬崖上的金鱼姬》又创下155亿日元的票房，宫崎骏大师的票房神话影片为日本本土电影的地位崛起做出了不菲贡献，与此同时，获得了第32届蒙特利尔国际电影节的最高奖的《入殓师》也创下30亿日元的票房，获得了特别的社会反响。自此，动画电影不仅票房称雄，更有佳作百花齐放的良好态势。2013年的宫崎骏的《起风了》又以120亿日元的绝对优势获得日本电影市场票房冠军。

2015年是日本电影产业发展走向变革的节点，即二次元（ACG）文化对电影产业的深度改造。① 票房收入达到2171.19亿日元，本土电影与进口海外电影比例趋于平衡，全球份额处于美国、中国之后名列第三位。票房排名前20位的影片中，有17部与二次元有关。除此之外，以动画弹幕网站"NICONICO动画"起家的二次元巨头"多玩国"吞并四大电影集团（东宝、松竹、东映、角川）之一的角川控股集团，同时作为内容产业，二次元也是日本电影拓展海外市场的旗舰，广获世界年轻人的喜爱。

在日本本土电影公司中，由于角川控股集团主要业务的变动，将9个子公司合并成一个整体，打造"角川"品牌。一方面走轻资产化路线，将旗下联合影院悉数卖与零售业巨头永旺公司；一方面大力发展版权相关业务尤其是与二次元相关的内容，将电影、玩具等业务合并到"角川媒体工厂"，投资方向有所摇摆。② 至此其电影方面的业绩平平，相反，其他三大公司把握住主动权，东宝公司各方生产《妖怪之子》《名侦探柯南：业火的向日葵》《进击的巨人》等27部电影，松竹公司生产了《所罗门的伪证》、《天空之峰》、*Love Live! The School Idol Movie* 等。动画片受到二次元人群的喜爱，东映公司也以《七龙珠Z复活的"F"》（剧场版）为龙头，制作了多部动画剧场版。二次元在电影行业的深入，再次带动了日本电影行业的发展以及海外市场的开拓。

---

① 支菲娜：《2015年日本电影产业观察》，《电影艺术》2016年第2期。

② 支菲娜：《2015年日本电影产业观察》，《电影艺术》2016年第2期。

紧随2015年二次元电影的发展势头，2016年票房收入10亿日元以上的电影票房总收入为1804.6亿日元，其中日本本土电影达到42部，总票房为1192.7亿日元，前9名均是东宝公司生产的电影，其中动画电影《你的名字》以250.3亿日元票房成绩位于榜首。同时，进口海外电影19部，总票房为611.9亿日元，位于榜首的《猩球崛起》票房为116.3亿日元，海外电影与本土电影的比例差距越来越大，国内动画电影票房收入稳定增长。进入2017年日本电影行业没有过多起伏，总体情况见表8-2。

表8-2 2017年日本电影概况

		2017年		与去年相比	2016年	
入场观众人数（千人）		174483		−3.2%	180189	
票房收入	总额（百万日元）	228572	占比	−2.9%	235508	占比
	本土（百万日元）	125483	54.9%	−15.6%	148608	63.1%
	海外（百万日元）	103089	45.1%	18.6%	86900	36.9%
平均票价（日元）		1310		0.2%	1307	
上映电影数量	总计（部）	1187	占比	3.3%	1149	占比
	本土（部）	594	50%	−2.6%	610	53%
	海外（部）	593	50%	10%	539	47%
银幕数量（块）		3525		1.5%	3472	

资料来源：根据日本电影制作者联盟统计。

2017年日本本土电影中的票房收入前10部电影中，7部电影都与动画相关。与2016年相比，最大的差异是海外电影《美女与野兽》获得一时的回温，本土电影中没有反响突出者。2017年共进口电影593部，出品国约48个国家，按照进口电影数量的多少依次是美国、韩国、英国、法国、印度、西班牙等。发行进口电影的公司除了东宝和东映外，基本就是日本华纳、福克斯、迪士尼、索尼等美资公司。日本电影行业继续保持东宝独占市场，松竹以及东映以动画和剧场版动画为主的整体格局，具有一定的独特性与相对稳定性。

（二）日本电影行业发展的推动力

1. 国家战略的支持

电影作为内容产业的重要组成部分，因政策推动而出现新的生机，成果明显。日本文化厅在 2017 年发行的《我国的文化政策》中对于日本电影的振兴主要表现为三个方面。第一，日本电影的制作、交流以及发送。主要包括对优秀的电影制作方进行资金的援助；设立文化电影奖；援助日本电影参加海外电影节；筹备建立日本电影信息系统等。第二，培养年轻的电影制作人才。主要是对电影人才的培养的支持和项目的支援。第三，保存和继承日本电影影片。建立了东京国立近代美术馆影片中心，对于优秀的电影影片进行保存和传承。同时，文化厅也设立日本电影奖，鼓励支持优秀电影的制作；开展东京电影节，宣传本国电影；严厉打击盗版，规范电影市场规则等，共同促进电影行业的发展。

国家相应分阶段推行不同的文化产业促进政策，使电影制作的筹资渠道多样化。除了国家的预算支持以外，还有基金和企业，包括电视台、广告代理商、音像公司等成立的制作委员会等对电影的制作进行投资。制作委员会对于电影的策划、制作、流通以及消费做全面的引导，投资电影制作的全过程，不仅分散了电影的投资风险，同时促进了电影的制作和发行以及最终获利。与此类似，电影基金也是一种可靠的投资方式，把电影当作一种金融产品，无论企业还是个人都可以参与投资，扩大投资的范围，吸引投资者的参与。在众多的投资渠道中，电影行业作为文化产业的一部分，得到了大力的支援，本土电影的海外推广也取得显著的成果。

2. 电视台媒体的介入

日本电影在 20 世纪 50 年代的黄金期后，一直处于不温不火的低迷状态，但是进入 21 世纪后，日本电影慢慢发展起来，在政府的政策扶植下，独立制片开始盛行，电视台媒体进入日本电影产业，不仅使日本电影在创作实力上有所增强，同时，在资金投入、营销环节等方面都有力推动了电影产业的发展。由于票房成功与否直接关系到电视台自身的经济利益，电视台对电影的宣传尽心竭力，电视广告也成为最常见的一种宣传方式。此外，由于许多电影改编自电视剧，电视台为了配合电影版的上映，经常会在电影上映期间播放相关的电视剧，来提高电影的知名度。例如，《极道鲜师》电影版上映期间，日本电视台就播放了电视剧版最新特别剧集。这些手段对电影的成功起到了推动的作用，对日本电影产业的发展起到了十分积极的作用，是电影产业摆脱困境的一个重要的契机。

以富士电视台为例，其参与制作的第一部电影作品是 1969 年公映的《御用金》，同年又制作了电影《刽子手》。其实在这一时期，日本电影界已然处于没落之中，但由于五大电影公司仍然存在，因而电视台制作的电影根本没有引起人们的注意。然而，1983 年 7 月开始公映的《南极物语》，开创了富士电视台电影制作的新纪元，它的票房收入为 59 亿日元，这一纪录虽然在现在看来并不令人称奇，却维持了长达 14 年之久，直至 1997 年《幽灵公主》出现，这一纪录才被打破。它成功的原因首先在于，团体预售票机制保证了 200 万张票的收入，此外，富士电视台的宣传更加功不可没。以电影中的主角小狗太郎和次郎为中心，通过电波广做宣传。之后制作的《小猫物语》《缅甸的竖琴》等，其实都是处在这一模式延长线上的。《南极物语》成为富士电视台电影制作的起点。此后，富士电视台又制作了根据热播电视剧改编的《跳跃大搜查线》（剧场版），于 1998 年 10 月 31 日公映。尽管放映的时期不好，但公映后人气不断攀升，最终票房收入超过了 100 亿日元。这一作品以富士电视台所在地——东京台场作为片中故事发生的舞台，富士电视台借机策划了各种与电影相关的宣传活动。因此，随着电影的走红，富士电视台的建筑以及周边景观也成为游客观光的热门景点。2003 年该作品的续集《跳跃大搜查线》（剧场版 2）上映，再次创下了当年的票房纪录。如今，在时隔 7 年之后的 2010 年 7 月，《跳跃大搜查线》（剧场版 3）再次登陆日本各大影院。为了配合电影的上映，富士电视台连续数周在周末影院节目中播放之前的两部剧场版以及与其内容相关的系列电影，最大限度地调动观众对这部新电影的兴趣，拉动票房增长。2009 年票房冠军《ROOKIES —毕业—》正是承袭了这种改编热门电视剧的方式而获得成功的一个典型例子。①

① 靳丽芳:《2009 年日本电影产业的光和影》,《电影艺术》2010 年第 5 期。

电视台的介入不仅提供了电影制作的资金，也提供了电影发行的平台，同时还大力宣传了电影，是促使电影行业得到发展的强大推动力。

3．设施和内容的改变

随着时代的进步和技术的改进，日本电影产业一改20世纪的“黑暗，沉闷，无聊”的影院观念，首先在影院等硬件设施上进行了改进。多厅现代化影院的建设极大地吸引了观众到影院观看电影。其次改进放映设施，采用先进的放映机，操作简单。配备数字设备的影院在逐渐增加，同时，放映3D电影的影院也在不断增加。而且，日本影院还实施“差别化”票价，吸引各个年龄层次的人到电影院观影。

电影内容也慢慢地朝着接近观众口味的方向发展，2017年日本本土电影票房收入前10部中，7部电影是动画电影，基本改编自漫画、电视动画片以及热播的电视剧，这反映电影的制作慢慢朝着符合大众口味的方向发展，同时，在拓展海外市场的过程中，为迎合其他国家口味，在结合本土特色的基础上，也朝着大众接受程度的方向发展，极大地推动了具有日本特色的动漫的海外推广。

（三）日本电影行业的特点以及存在的问题

1．电影产业模式分管业务化

20世纪90年代中期以前，日本电影产业结构主要是电影的制作、发行、放映三大事业在同一资本内进行的垂直统合模式，即电影公司使用自有资金制作电影，并将电影发行给自己公司所有的影院公司，在自有影院进行公映。因此，日本长年来采用了“包档发行”方式，不能自由选择公映电影作品，也不能根据入场人数的变动决定公映时间，而是影院事先与电影发行公司签订合同，约定影院只上映特定发行公司的电影作品，这成为日本独特的电影发行体系。电影产业的垂直统合模式在产业处于成长阶段时期是有效地获取电影相关利益的方式，但当产业处于衰退期则呈现高风险高回报的商业特质。在电影产业链的放映环节，日本电影产业依据国家颁布的《大型立地法》对影院进行了大改造，建立了Cinema-Complex系统，出现了众多无法囊括于电影公司自有经营链条的多厅大型影院。多厅大型影院与购物中心等相结合，形成游购娱一体化服务，由此日本影院的银幕数量迅速增加。影院也逐渐根据人们的需求调整电影公映时间，此前的“包档发行”方式逐渐消失。电影产业模式从垂直统合模式逐渐向水平分管业务型转移，即由过去的日本电影公司凭借自有资金独自雇用专属的演员、导演、制作人员在自有摄影场所完成电影的自主制作，然后进行发行、放映，变为采用“制作委员会”资金调配方式、关系到多方投资者利益的商业形态。获利模式一般是放映公司分得票房收入的约 50%，发行公司收取剩余一半的 10%~30%，最后剩余部分为为电影出资的制作公司或制作委员会所有。电影公司逐渐缩小公司的制作部门，开始注重发行与放映流通渠道的管理经营，制作委员会方式的采纳成为现在大多数电影公司的选择。

2. 本土电影品牌化

自 2006 年以来，日本国内电影中本土电影的票房份额开始超过进口电影，之后一直保持着微小的差距领先于进口电影。2015 年是日本电影变革性的一年，日本本土的特色电影——二次元电影开始大范围地获得票房。动画电影成为王牌品牌，不仅获得国内观众的喜爱，也在海外市场的推广中成为旗舰，比较典型的有宫崎骏系列以及新海诚系列等。但是纵观近几年日本电影票房前 10 部，动画电影、电视连续剧的剧场版、漫画改编的电影和系列电影比例高，而现实题材的剧情片较少，鲜有影响力较大的创新作品出现也是一个问题。同时，日本电影也善于拍系列作品，日本电影史上最大的系列电影当数《寅次郎》系列，以及重拍同类型优秀电影，比如《午夜凶铃》系列，拥有坚实的受众基础，品牌知名度高。此外，结合本土可爱化、草食系等特有的文化现状，纯爱电影也受到年轻人的追捧，《恋空》等获得不少的票房。

通过电影确立的品牌激活地方品牌市场，作为日本电影王牌的动画电影中涉及的地域也成为品牌营销的主阵地，比如流行的圣地巡礼等就是利用动画宣传本地特色，促进地域产品品牌化。

3. 大型公司独占市场

由前述可知，近几年来在票房超过 10 亿日元的本土电影中，都是由大型公司包揽的。2016 年的本土电影票房收入前 10 名中，前 9 名都是东宝公司发行的电影。由于 2003 年受金融危机的影响，中小型制片公司不断倒闭，如 2009 年就倒闭了 WISEPOLICY、MOVIE-EYE、XANADU 三家著名制片公司。有数据显示自 2006 年以来，真正赢利的公司只有东宝，迫于经营压力，制片公司不得不引入越来越多的外围资金进入电影界。电视台是一大来源，由于网络、手机的普及，流媒体运营商也加入电影制作中。这就形成一种大型公司逐渐垄断市场的趋势。同时多厅影院越来越集中于大城市，也使得市场流通渠道由多元趋于单一。近几年电影产业持续发展，以动画电影为中心的发展还在继续加强。

日本电影行业呈现不同的危机和契机，在环境复杂多样的情况下其也在不断转变发展机制，顺应时代和受众需求，以促进本土电影的发展和海外推广，同时也积极结合进口电影的多样化共同给日本电影行业注入活力。

（四）日本电视行业的发展历程

与日本电影行业几乎同一年代正式起步的日本电视行业，在起步之后一直保持着稳定的发展态势。总体上，日本电视产业呈现以日本放送协会为代表的公营电视媒体和以日本民间放送联盟为代表的各日本商业电视台（民营电视台）分庭抗礼的结构特点。随着日本社会的发展和科技进步，出现了独立 U 局、有线电视各局以及卫星电视的 BS 和 CS 各放送局。日本电视产业从初始到壮大，从无线电视、有线电视到卫星电视、数字电视，从大众传播到专门化以及分众传播，经历了若干发展阶段。①

日本是较早在广播电视领域实施公营和民营双轨制的国家之一。其中公营指日本放送协会（NHK）。其最早可以追溯到 1924 年中央放送局成立，随后日本第一家广播电台——东京广播电台成立，之后又有大阪广播电台、名古屋广播电台成立。1926 年 8 月，三家电台在中央放送局统率下改为日本广播协会（NHK），成为国家授权独家经营的非营利性组织。一直到 1950 年原日本放送协会解散，成立了新的特殊法人——日本放送协会，即不隶属政府的非营利性的机构。那么与此相对，民营指日本民间放送联

① 欧阳康：《日本电视产业的特点与发展脉络》，《深圳大学学报》（人文社会科学版）2005 年第 3 期。

盟（NAB）（主要有东京广播公司、富士电视台、日本电视网、东京电视台等），是除NHK之外的由各个商业广播电视台组成的一个以营利为目的的行业协会组织。1950年，日本国会通过了“电波三法”——《电波法》《放送法》《电波监理委员会设立法》，允许商业广播电视机构进行经营。1951年4月全国14个地区共有16个广播电视台被批准播放广播电视节目。同年7月21日，日本民间放送联盟成立。同时，9月1日中部日本广播电视台开始播出电视节目，标志着民放联与NHK并存并立的时代开始，也标志着日本正式进入电视时代。

经过20世纪50年代日本电视行业的初步形成，60年代是日本电视行业飞速发展的时代。1959年广播和电视兼营的电视机构在广告收益上呈现电视广告收益远超广播广告收益的现象，电视的优势媒体特征开始显现。同时，1962年，NHK的电视接受用户突破1000万人，普及率高达48.5%，民放联的各个电视系列局也相继从早上7点左右一直到午夜12点不间断地播放，日本自制的电视剧也越来越吸引观众，这也是日本电影行业这段时间开始持续低迷的重要的原因。这一期间，受到美国等西方国家的电视体制的影响，民放联的各个系列局开始重视电视观众的收视时间和收视率，并开始展开收视率方面的调查。同时，彩色电视机和卫星电视的传播使各电视网络进入成熟阶段。70年代，电视节目开始形成个性化与专门化。电视彩色化和甚高频电视的推出造成的投资压力，推动了各系列局中心台经营合理化的进展，各商业电视台将节目外派化程度提高了，减少了电视台制作节目的投入，减轻了压力，产生了制播分离这一电视产业成熟的必然结果，从而专门从事自己擅长的专业领域。80年代迎来了多媒体和多频道的时代，在电视发展上又是一次革新，不仅大型报道性节目开始盛行，广播卫星传送节目也开始播出，同时还成立了广播电视大学，推动日本电视事业的发展。90年代又出现了卫星与数字电视，1990年成立日本卫星放送协会以及商业卫星播放公司。根据数据统计，90年代的十年间广播卫星收视家庭已超过1000万个，取得很大发展。进入21世纪，有线电视和网络电视日益普及，电视内容多样化，受众市场不断扩大。现在日本的电视以不收费的无线电视以及收费的卫星电视为主。除去公营电视台NHK外，民间广播电台有224所，民间商业电视台共有127

所，其中NHK、日本电视台、朝日电视台、东京广播电视台、东京电视台以及富士电视台位于东京，都有各自的广播电台，其他都是地方电视台。“业界动向”网站[①]在2017年的数据显示，2015年和2016年以电视行业33家公司为对象，营业总额达到约2.57万亿日元。同时，根据NHK放送文化研究所发布的《全国个人收视率调查》，得出2017年个人的收视时间平均约为3.7个小时，由于手机和网络的发展，年年缓慢减少。民放联中2015年各系列局的黄金时间带（19:00—22:00）的收视排行依次为日本电视台、朝日电视台、东京广播电视台以及富士电视台。

（五）日本电视行业的特点

1. 政府引导自由竞争

首先政府在1950年颁布“电波三法”来规范电视台的入行准则，严格把关。1972年又制定《有线电视广播法》，对日本广播协会、广播大学和各民间广播机构进行行业管理。特别是对私营的广播电视机构设立严格的审批、审查制度。其次对国家主流媒体给予政策支持，虽然NHK与民间广播机构是相互竞争、相互补充的关系，但NHK的特殊法人地位由法律确定，而民间广播电视机构是以地区为单位的独立公司，所以就确定了NHK在国家主流媒体的地位和在新闻舆论和文化建设中的主导地位。最后创造公平竞争的环境，避免盲目竞争。政府对民间电视台进行审批时，禁止跨地区经营，禁止一家公司拥有多个电台和电视台。禁止在同一地区同时控制电台、电视台和报社三种媒体，禁止外国公司在日本拥有电台等，同时，对广播电视行为准则和节目内容进行间接指导等，营造公平公正的竞争环境。

2. 公营体制—NHK

日本放送协会在经过20世纪50年代的变革后，不再隶属政府，也不属于个人，而属于全体公民，但由政府投资建设。把观众当作“公民”而非“消费者”，不以营利为目的。最高权力机构是“经营委员会”，由12名来自社会各界的人士组成，由首相提名，经参众两院同意后任命，任期

① https://gyokai-search.com/。

为 3 年。从电视台的办台方针到财政预算、节目制作、播出，都由管理机构最终决定。并且不播出广告，以视听费为主要收入，主要标准是收看普通电视节目的每个家庭每月交纳 1398 日元，若包括卫星电视节目在内，交纳 2340 日元。主要为公众利益而存在，公众利益意味着独立和平等，独立，即在政治上不为政府或其他利益集团所左右；平等，即观众不分等级享受同样的服务。全面反映不同观点，对社会政治文化发展的追求要高于商业利益。

3. 商业体制——民放联

①播放内容多种多样。日本电视台与日本最大的报社《读卖新闻》社合作密切，其是新闻节目的代表，同时体育节目也较强，职业棒球巨人队同属读卖集团，拥有巨人队主场的独家转播权，而巨人队球迷众多，所以收视率较高。富士电视台主打时尚电视连续剧和晚间娱乐节目，最受年轻人的欢迎。东京广播电视台独立性强，主打品牌节目。例如，在激烈的市场竞争中，东京广播电视台的《筑紫哲也新闻 23》在创办的 15 年间形成了自己独特的新闻节目品牌等。

②娱乐性节目居多，带有平民性。各大电视局以营利为目的，奉行收视率至上主义，制作接近和符合大众喜好的节目，从新闻节目到美食节目、旅行节目、游戏节目、实地访谈节目等，具有极大的娱乐性和平民性。

③主要凭借广告收益。电视广告中主要有综艺广告和插播广告两种，通过广告的放送费用、制作费用以及网络费用来获取收益。但是 2016 年的数据显示，电视广告费占媒体广告费用的 29.2%，提高了 1.6 个百分点，互联网广告费占 20.8%，提高了 13 个百分点，预计 2022~2025 年，互联网广告将取代电视广告，这也是依靠广告收益的电视行业出现的危机。

以朝日电视台为例，朝日电视台最早是在以教育节目为主的政策下开设的电视台，1959 年作为“日本教育电视台”开始播放节目。教育类节目占 80% 以上，报道以及广告类节目很少。一直持续到 1973 年，由于广告节目的播放受到限制，经营状态不佳而开始改组。开始和电影公司中的四大巨头之一的东映公司合作，共同合作开播“周日西方影片剧场”，从 1966 年开播一直持续到现在，是典型的长寿节目。这也是民放联中首次开播电影节目，不仅促使电视的收视率提高，也带动当时停滞的电影的发展，是一个电视和电影合作的先例，也陆续被其他电视台模仿。此后，把新闻节目的时间换成早上，吸引了大量家庭主妇层的观众，综合实力一直处于电视台的第四名。近年来一直致力于新闻节目以及讨论型节目，在激烈的竞争中黄金时间带的收视率排名位列第二，成果显著。在电视台的总体收益中，数据显示，广告收入占到 70%~80%，但是随着互联网广告的盛行，电视广告收益逐年降低，于是电视台便增加其他方面的收益，朝日电视台拓展影像光盘的贩卖、音乐出版以及电影的制作等，加强内部分工，趋于专业化。

（六）日本电视行业的前景

21 世纪进入第二个十年，科技迅速发展，特别是互联网科技以及社交网络的发展，2015 年的调查结果显示，利用社交网络和互联网来增加收视乐趣的年轻人越来越多，在 16~19 岁的被调查者中，有 67% 的人会一边看电视一边利用社交网络阅读电视相关内容，并表达意见。20~24 岁的被调查者占 59%，日本的年轻人现在更加倾向于使用社交网络与电视媒体的融合。① 针对该现象，日本电视行业也陆续推出适应现在需求的服务，例如，2012 年日本电视行业将数据传播与 Facebook 进行整合，推出“JoinTV”服务，使电视与社交网络进行融合。2014 年依次推出与电视节目相关联的 App 程序——SyncCast，目的是使下载了此款 App 的智能手机能收到正在播放的电视节目，提高收视率。同时面对媒介技术的不断革新，电视行业也迎头赶上，在技术上紧跟时代，例如，利用将电视节目内容多平台化、推进智能化电视以及提高电视画质等来吸引消费者。可见，日本电视行业在顺应时代的潮流下不断地革新和发展着。

日本电影电视行业是日本文化产业中的重要组成部分，促进其发展不仅可以使其在文化产业中起先锋带头的作用，同时也标志着日本文化产业的进步，日本电影电视行业的发展也可以对我国相关产业的发展给予启示。

① 范颖、梁雅诗：《日本电视业与社交网络的媒介融合现状》，《当代电视》2015 年第 6 期。

二 动漫游戏产业

日本的动漫游戏产业规模巨大，年产值超过万亿日元，是日本文化产业的重要组成部分。日本动漫游戏产业的核心部分主要包括漫画、动画、游戏及其衍生产品。其主要是以动漫创意为起点，以版权保护为核心，以漫画、动画、游戏、衍生产品为表现形式，借助电影、电视、出版、音像、电玩、网络、移动通信增值服务、版权开发利用贯穿于动漫产品开发、流通、销售等各环节的重要文化产业。[①]因其有着广泛的发展前景，具有低能耗、低污染、高附加值、较高投资回报率、高国际参与度等优势与特点，因此被普遍认为是继计算机产业之后的又一快速发展的新兴产业，被誉为“21 世纪的朝阳产业”和“21 世纪知识经济的核心产业”。

（一）动漫游戏产业的现状

日本的动漫游戏产业在全球范围内具有很高的知名度和影响力，日本也被称为“动漫王国”。日本的动漫游戏产业成为第二大支柱产业，广义的动漫游戏产业实际上已经占日本 GDP 的 10% 以上，在日本人的日常生活中随处可见动漫对人民生活的影响，动漫日益成为人民日常生活的巨大组成部分。例如，在日本的上下班的电车上，随处可见上班族拿着漫画书低头阅读；还有在日本最繁华的时尚街区，许多人穿着动漫里的衣服，模仿动漫人物的动作，进行 cosplay 表演，吸引许多人驻足观看。而且每一年的任天堂等游戏公司发布新产品的现场，都会聚集大量的游戏迷前来选购。日本动漫游戏产业成为日本经济发展的重要动力，其收入总额超过国民经济总额的 18% 左右。从 1990 年到现代日本动漫游戏产业的年产值超过千亿日元，日本也成为世界动漫第一大国。全世界 60% 的动漫产品来自日本，日本的动漫游戏产业的出口不仅拉动了日本的对外贸易，同时动漫产品作为日本文化的重要载体，对日本文化传播也产生了深远的

① 李常庆、魏本貌:《日本动漫游戏产业探析》,《出版科学》2010 年第 4 期；李常庆:《日本动漫游戏产业与动漫文化研究》，北京大学出版社，2010。

影响。

下面介绍一下日本的动漫游戏产业的组成及其发展情况。首先是日本的漫画产业。在日本，漫画分为两种。一种是漫画杂志，一种是漫画图书。近年来，随着互联网技术的飞速发展，电子书籍不断普及，给日本的漫画图书市场带来了巨大的冲击。但是日本漫画市场规模依然庞大，不可小觑。根据2017年日本电通总研出版的《信息媒体白皮书2017》统计，2015年日本发行漫画杂志和漫画书的总量是7.5亿册，其中漫画杂志3.48亿册，漫画书4.03亿册。其中漫画书年销售额为2100亿日元，漫画杂志年销售额为1170亿日元。总销售额为3270亿日元。[①]在日本大概有400家出版社和杂志社从事漫画书和漫画杂志的出版，从业人口超过5000人，2015年的漫画图书和杂志的销售量占图书杂志出版量的35%左右，漫画杂志和漫画图书出版已经是日本出版业的重要支柱力量。因此在日本有“十成出版，七成漫画”的说法，足以见得漫画在日本出版业中的统治地位。日本主要的漫画出版社包括：集英社、讲谈社、小学馆等。这三家的漫画销售量占据日本漫画市场总额的六成以上。其中，集英社可以被称为现在日本漫画出版界的龙头老大，在2009年集英社凭借688亿日元的销售额（占全部市场份额的6%）一跃成为日本漫画出版业界的老大，反超讲谈社（509亿日元、4.4%）和小学馆（377亿日元、3.3%）。[②]其出版漫画的种类数目繁多，粉丝众多，如大家所知的《龙珠》《灌篮高手》《火影忍者》《海贼王》等漫画作品就出自此公司。这些漫画作品不仅在日本国内拥有众多读者，在海外也颇有人气，被翻译成多国版本，在世界上许多国家进行出版发售。

同时，日本动漫的种类数目非常多，内容题材也多样。根据划分标准的不同，日本漫画可以划分为不同的类型。如按受众对象的年龄和性别划分，日本漫画可划分为儿童漫画、少男漫画、少女漫画、青年漫画、淑女漫画、成人漫画等。例如，连载日本著名动漫的集英社的《少年JUMP》杂志的受众对象就是广大青少年；《Comic LO》《Buster Comic》设定的读者是18岁以上成年读者，封面印有特定标志并被塑料封包装，不得出售给未成年人。按

① 数据来源：《信息媒体白皮书2017》，日本电通总研。

② 窦重山：《日本漫画出版业发展述略》，《文学与文化研究》2010年第1期。

题材可分为讽刺漫画（以讽刺现实社会为目的）、学习漫画（以传授知识为目的）、体育漫画（以体育运动为题材）、恋爱漫画（以恋爱为题材），还包括政治漫画、料理漫画、科幻漫画、动物漫画等几乎所有领域，可谓包罗万象。此外还可以按形式分为一页漫画、四格漫画、一格漫画、物语漫画等。①

近年来，由于电子书籍的飞速发展和游戏、娱乐选择方式的多样化，日本的漫画界也受到了巨大的冲击，漫画销售量有较大幅度下滑，日本漫画杂志和漫画图书的销售额从 1996 年的 2 兆 6564 亿日元到 2018 年的 1 兆 5400 亿日元（据出版科学研究所调查），下降了接近一半。这不仅对日本出版界产生了重大影响，还给一些相关产业，如动漫的开发与制作行业、印刷行业、版权交易行业也带来了巨大的冲击。日本传统纸媒的动漫面临着一个巨大的危机，必须要进行改革，通过创新，来重塑漫画市场的辉煌。

还有日本的动画产业。日本动画由于画面精美，故事内容感人，拥有众多的粉丝。2015 年消费者花费在日本动画市场的金额为 2520 亿日元（其中包括动画电影票房、电视动画节目制作与销售、动漫光盘的销售、网络传输的动漫作品），比 2014 年减少了 200 多亿日元。②

从 2010 年开始，日本动画产业的年市场规模基本上超过 2000 亿日元，发展势头平稳。目前，日本有超过 400 家的专业动画制作公司来专职从事动画产业工作，其中 80% 以上都在日本的东京。③ 电影院上映的动画电影，是动画产业收入的重要来源，在日本一年之中有 3000 多家电影院放映动画电影，几千万人走进电影院观看动画电影。全年动画电影收入超过 200 亿日元。有的电影不仅在国内收获了巨大的票房，在海外也产生了巨大的影响力，取得了很高的票房收入。例如，2016 年由日本著名动画电影导演新海诚制作的《你的名字》，该片票房高达 250.3 亿日元，打破 2004 年宫崎骏导演的《哈尔的移动城堡》196 亿日元的纪录，位列日片影史第二名，继《千与千寻》、《泰

---

① 窦重山：《日本漫画出版业发展述略》，《文学与文化研究》2010 年第 1 期。

② 数据来源：《信息媒体白皮书 2017》，日本电通总研。

③ 熊澄宇：《世界文化产业研究》，清华大学出版社，2012。

坦尼克》、《冰雪奇缘》及《哈利・波特与魔法石》后，位列日本历代电影票房榜第五名。[①]在中国的收入也超过《哆啦A梦：伴我同行》，最终票房为5.7亿人民币，创下了日本电影在华最高票房纪录。在电视动画方面，2015年的电视动画收入为600多亿日元，占据整个动画产业的30%左右。海外的动画销售加上版权使用的收入超过35亿日元，占据整个动画市场的17%左右。动漫形象使用授权以及动漫形象衍生品生产销售的授权等所带来的直接收入有260亿日元。

日本动画产业迅速发展的原因主要包括以下几方面。第一，拥有完整的市场制作产业链。从动漫的选题，到制作、市场运营，每个环节都拥有一个成熟的团队，大家各司其职，既保证了专业性，又提高了效率。第二，日本政府的大力支持。政府给予制作动漫的企业各种优惠措施，来鼓励支持其发展。同时，政府还不断修订《版权法》和《著作权法》，从法律上杜绝抄袭，支持原创，保证动画企业的版权收入。第三，动画家自身的努力。由于从小受动漫文化的熏陶，日本的动漫家愿意奉献自己的青春进行动漫创作，最终制作出许多精美的、高水准的动画。

接下来是日本的游戏产业。日本的游戏产业的主要组成部分有网络在线游戏、游乐中心游戏机、手机游戏、主机游戏（家庭单机游戏、软硬件的游戏设备）。

目前，随着互联网技术的飞速发展、移动终端的更新换代、计算机软硬件的不断升级更新，日本游戏产业的规模逐年扩大，游戏产业的收入在动漫游戏产业总收入中所占比重越来越大。日本的游戏创作的源泉就受到日本漫画的影响。日本漫画的发展为游戏的发展提供了大量的素材和灵感。2015年日本游戏市场规模是18300亿日元，其中主机游戏软硬件软件销售额是3300亿日元，网络在线游戏收入为1030亿日元，游乐中心游戏机带来的收入为4340亿日元，手机游戏销售额为9630亿日元。[②]日本的市场整体形成了以手游市场为主，主机、游戏机市场居次的特点。其产业格局从游戏研发

① 数据来源：《「君の名は。」最優秀アニメ賞　ロス映画批評家協会賞》，《朝日新闻》2016年12月5日。

② 数据来源：《信息媒体白皮书2017》，日本电通总研。

到发行流通具备完整的产业链，与其他产业之间形成了相辅相成的关系。近年来呈现主机游戏市场规模逐年缩小，而以手游市场为代表的在线游戏市场连年扩大的趋势。[①]由于日本游戏产业的快速发展加上人民普遍认为其具有巨大的发展空间和广阔的前景，日本因此产生了许多巨头的游戏公司，如任天堂游戏公司。任天堂游戏公司是电子游戏业三巨头之一，是具有全球影响力的游戏生产商。经过多年时间，任天堂成为全球最大的电玩游戏机制造商，其生产和销售的家用游戏机就包括世界上销量最好的掌上游戏机Game Boy 系列。除此之外，任天堂已推出了超过 250 款游戏，超过 24 亿套游戏售出，缔造了许多游戏史上的著名人物，如马里奥和大金刚。同时其也创造了游戏史上许多经典的游戏，如《塞尔达传说》《口袋妖怪》《超级马里奥兄弟》等。其全体雇员只有 5000 人，但是年产值超过 15000 亿日元，而且一直维持着 20% 以上的利润率，在日本的大企业中可谓是一枝独秀。[②]

日本动漫游戏产业的发展还带动了相关产品的开发、生产、销售。相关产品主要包括利用动画、漫画、游戏等动漫产品中的人物、道具开发出来的玩具、服饰、外设产品等。这些产品不仅对动漫游戏产业本身起到了很好的宣传作用，也给其他产业的发展带来了机遇，包括传统的制造业、广告企业、玩具产业、零售业等。通过售卖工艺品，宣传动漫产品、图书杂志、玩具、文具、服装等相关产品，比如利用广告、COSPLAY 展会、主题公园、漫画博物馆等大大提高动漫产品的知名度和增加收益。例如，大家熟知的“口袋怪兽”便是其中一个好例子。“口袋怪兽”皮卡丘本是任天堂游戏中的一个人物形象，照林社制作部认识到这个形象的商业潜力，将它改编成动画剧集，并获得了巨大的成功，仅电影版权的收入就达到 1.7 亿美元。《福布斯》2003 年公布的“虚拟形象富豪榜”显示，皮卡丘的身价高达 8.25 亿美元。[③]

---

① http：//www.sohu.com/a/202721813_720186.

② https：//baike.so.com/doc/5382393-5618748.html.

③ 菁琳：《美国也有哈日族》，《华盛顿观察》2004 年第 20 期。

（二）动漫游戏产业的发展历程[①]

1. 初创阶段

日本的漫画最早可以追溯到12~13世纪的《鸟兽剧画》。江户后期，受到美国讽刺漫画影响，日本开始出版讽刺漫画杂志。加上印刷技术的发展，漫画被广泛地传播到普通百姓之间，大大地扩大了其影响力。到1917年，日本第一部动画片《芋川掠三玄关》诞生，随后1933年日本第一部有声动画片《力与世间女子》诞生，这两部动漫电影的产生，标志着日本动漫的诞生。后来，由于第二次世界大战的爆发，加上动漫成本较高，日本的动漫游戏产业出现了停滞。战后，1947年，被称为日本现代动漫之父和"漫画之神"的手冢治虫以单行本形式出版了《新宝岛》，第一次运用了电影镜头的手法，以表现人物的动态特征，确立了日本现代漫画以"画面的叙述性"见长的特色。1958年，根据中国的传统故事进行改编的《白蛇传》被搬上荧幕，这是日本第一部长篇动画片，预示着日本动画的崛起。1963年手冢治虫创立的虫制作公司推出了《铁臂阿童木》，这是日本第一套长篇电视动漫作品，在4年的播放期间内，取得了巨大的成功。此后，被40多个国家购买版权，在全球范围内都产生了巨大的影响。

2. 飞速发展阶段

20世纪70~80年代初期，是日本动漫游戏产业的黄金时代。1974年日本第一家动漫公司和动漫专门学校相继在东京成立，动漫游戏产业逐渐形成。这一时期不仅出现了许多广为传唱的动漫作品，如1982年的《超时空要塞》、1986年的《天空之城》、1986年的《龙珠》等动漫作品在剧情、画面、制作规模等方面都达到了一个新的高度。其间更是出现了许多大家耳熟能详的动漫大师，如宫崎骏、鸟山明、藤子不二雄等，此时的日本动漫进入了一个百花齐放的时代。他们的作品不仅在本土非常有人气，形成了巨大的消费市场，而且也进入了国际市场。在1983年，日本游戏厂商任天堂推出了自己第一台

① 刘瑶:《日本动漫游戏产业的发展历程、驱动因素及现实困境》,《现代日本经济》2016年第1期；张雪:《日本动漫的文化特征及其对中国动漫的发展启示》，硕士学位论文，吉林大学，2008。

游戏机 FC。FC 很快依靠《马里奥》《塞尔达传说》《勇者斗恶龙》等游戏软件风靡全球，全球销量为 6291 万台，相关游戏软件销量为 5 亿套。这是世界游戏产业的里程碑作品，它统领着整个 80 年代的游戏市场。[①] 同时，这个时代的动漫作品，更加细化，针对不同的人群，推出不一样的作品，赢得了各个年龄层的喜欢，扩大了动漫游戏产业的市场规模。1975 年动漫游戏产业的产值为 46 亿日元，到了 1980 年动漫游戏产业的产值达到了 120 亿日元。

3. 稳定阶段

20 世纪的 90 年代到 21 世纪初期，日本动漫游戏产业依旧保持良好的发展势头。1994 年日本的漫画图书和杂志的收入超过 6000 亿日元，动画市场的收入为 1408 亿日元。动画的题材也更加广泛，内容更加多样，而且出现了不少的新人漫画家和优秀的动画作品。如井上雄彦的《灌篮高手》，其在整个亚洲掀起了巨大的篮球风暴，一直影响至今。其他的还有青山刚昌于 1994 推出的一直连载到今天的《名侦探柯南》系列，其在全世界都拥有许多的“柯南粉”，并且也带动了其他推理漫画的销售。同时，1993 年任天堂率先推出了 SFC 游戏机，1994 年电子巨头索尼也推出了游戏机 PS1。PS1 游戏机凭借着优秀的性能和低廉的价格迅速风靡市场。20 世纪 90 年代，全球游戏市场都被日本游戏厂商所把持，据统计，1998 年日本游戏硬件份额占全球的 90% 以上，可谓是最为辉煌的时刻。在软件市场，也以日本产品为主导，软件销售额占了世界游戏市场 50% 的份额。形成了索尼、任天堂、世嘉三足鼎立的局面，全球的游戏机市场被日本所垄断。同时，日本的动漫企业还不断地开拓海外市场，通过版权交易、发售纪念品等手段，在目标国家进行动漫相关产品的交易，取得了巨大的成功。2003 年，日本销售到美国的动漫产品和相关产品，就达到了 43.6 亿美元，是日本出口到美国的钢铁收入的 4 倍，这足以见得日本动漫游戏产业对日本对外贸易的作用和对经济的推动作用。1992~2004 年日本动漫市场规模见图 8-1。

---

① 李菁:《日本游戏产业的发展分析及对我国的启示》，硕士学位论文，重庆工商大学，2013。

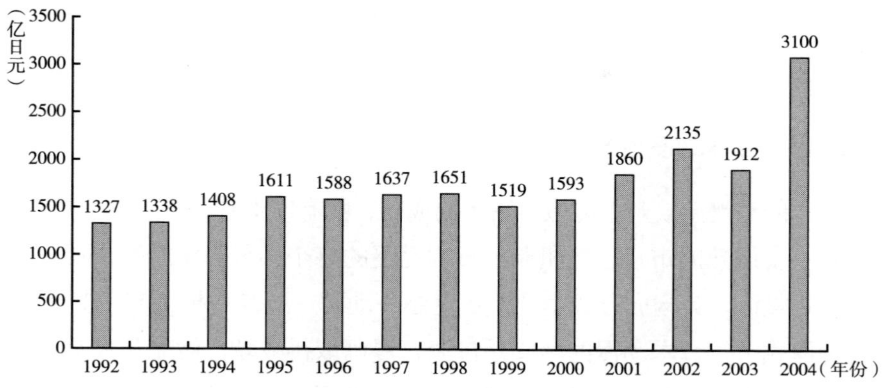

图 8-1　1992~2004 年日本动漫市场规模（电影、电视和录像带）

资料来源："Japan Animation Industry Trend," *Jetro Japan Economic Monthly*, June 2005。

4. 萎缩阶段

最近十年来，由于日本经济依旧没有走出低迷，加上日本人口老龄化和少子化情况越来越严重以及电子书籍和盗版的冲击，日本的动漫游戏产业受到了巨大的冲击。2008~2009 年由于遭受到全球性金融危机的影响，日本的各大漫画出版社和杂志社都纷纷进行了裁员、减少发行量，在美国的漫画出版物数量也减少到只有原来的 1/3。日本的漫画杂志和漫画图书的发行量在近十年呈现一个逐年下降的趋势，2015 年总发行量为 7.5 亿册，比 2005 年的 13.49 亿下降了近 50%，当前整个漫画出版行业发展不景气，从业人员待遇相当低，日本的漫画出版业面临着一个巨大的挑战。日本的动画产业目前也处在一个寒冬期，虽然整个产业的产值在不断地增长，但是近年来增速缓慢，发展动力不足，过度依靠经典的动画产品，创新不够。在海外市场的销售也呈现下降的趋势，例如，2011 年日本动画的海外收入下降至 177 亿日元，比 2005 年 313 亿下降了 43% 左右，情况不容乐观。① 游戏行业发展也遇到了瓶颈，传统的日本游戏厂商多重视硬件的更新，却忽略了软件的开发，日本的游戏主机销量在近 10 年内持续走低，2003 年在美国十大畅销游戏中一半是日本公司开发的，而到 2013 年，十大畅销游戏中没有一款是日本研发的。而

① 胡越、储静伟、沈靓:《东京:"酷日本" 3 年前升为国策，动漫游戏产业形成产业链》,《东方早报》2013 年 6 月 5 日。

且，由于经济的不景气和日本二手市场的发达，许多年轻人会选择二手游戏主机，这更加影响了日本游戏机的销售。

（三）日本动漫游戏产业的特点

日本的动漫游戏产业能取得巨大的成功，具有以下几个特点。①

第一，成熟的市场运营机制。日本动漫的每个环节紧密联系，形成了一个有机的整体。其构成方式主要是：漫画—动画—游戏（相关产品）。因此，在这种模式下，日本动漫的核心是漫画，漫画取得成功，被制作成动漫，紧接着推出相应的游戏。这样就把漫画企业、动画公司、游戏公司、相关产品企业有机地进行串联，彼此相互配合，职责分工明确，各司其职，使整个行业健康有序地发展。

第二，市场定位明确，受众范围广泛。日本的动漫游戏产业在发展时期，特别追求产品的市场分析，明确受众群体。日本的漫画、动画、游戏等产品，在刚刚创立的时候，都拥有自己的特定人群。但是随着产业的发展，他们针对不同的年龄层，推出题材不同、内容不同的产品，满足其多方面的需要。例如，根据日本出版科学研究所统计，2002 年日本漫画杂志有 281 种之多，其中少年漫画杂志 21 种，少女漫画杂志 43 种，青年漫画杂志 54 种，成人女性杂志 59 种，四格漫画杂志 17 种，手机、汽车越野类漫画杂志 22 种，唯美漫画杂志 11 种，其他类型的漫画杂志 54 种。②

第三，动漫产品不断创新，品质优良。首先，日本的动漫产品在主题和故事情节上不断创新，不但结合本国的历史和现代生活，更是积极地吸收他国的因素，与时俱进。如风靡全球的日本动漫《海贼王》，其故事情节来自欧洲的传说，剧中人物的设计也是多国籍，改变了传统单一的故事背景和人物来源，受到了更加广泛的欢迎。其次，形式上不断借用高科技的技术手段，促进产品的不断升级。漫画家借助新的数字技术，大大缩短了绘画的时间，

---

① 刘瑶：《日本动漫游戏产业的发展历程、驱动因素及现实困境》，《现代日本经济》2016 年第 1 期；张雪：《日本动漫的文化特征及其对中国动漫的发展启示》，硕士学位论文，吉林大学，2008。

② 陈博：《日本动漫游戏产业的发展历程及其特点》，《日本学论坛》2008 年第 3 期。

加快产品的产业化速度，促进了漫画产品的销售。

第四，高度重视动漫产品的版权保护。版权可谓是文化产品的生命，因为其不仅能带来高额的收益，更凝聚着创作人的心血。日本特别重视动漫产品的版权保护，在法律上多次修改《著作权法》，切实地维护创作者的劳动成果。在日本，书店里新出版的动漫杂志和书籍禁止拍照，如果发现读者私自上传至网络，书店和出版社有权向读者进行索赔，法律部门也会追究其法律责任。

第五，积极开拓海外市场。目前，日本是世界上最大的动漫输出国，日本动漫产品在全球范围内具有巨大的影响力。日本政府也积极推动日本动漫走向世界。从 2002 年开始，东京每年联合其他城市举办“日本东京动漫博览会”，以此来吸引全球的动漫爱好者聚集日本，也借此宣传日本的动漫产品。同时，日本的动漫企业也积极进军海外市场，出口在国内市场取得成功的作品，在海外市场销售时，还经常进行本土化的改造，因此取得很好的效果。

（四）日本动漫游戏产业成功的原因

第一，政府的支持。在日本不仅中央政府大力支持动漫游戏产业的发展，地方也积极推动动漫游戏产业的发展。在中央政府方面，在 1995 年提出的“文化立国”的战略中，动漫游戏产业就被纳入发展范畴，政府将大力发展动漫游戏产业。1998 年文部省和劳动省拨款 1000 亿日元，用作动漫游戏产业的数字化和信息化建设和人才培训。同时，政府还利用“文化无偿援助”资金，从动漫商手里购买动画的播放版权，首先无偿提供给发展中国家的电视台播放，等这些国家对日本动漫作品形成依赖后，再逐步提高价位，实现从免费到低价位再到正常价位的出口，给动漫企业带来收益。[①] 其次，由于日本的多数动漫企业集中于东京地区，因此东京每年都举办大型的动漫展览，吸引全球的动漫迷，推广日本动漫产品。最后，还定期举办相关的讲座、培训会，以此来发掘和培养新的优秀的漫画家。

第二，优秀的动漫制作人才。日本动漫之所以取得巨大的成功，很大的

① 曹海燕：《日本动漫游戏产业商业模式研究》，硕士学位论文，北京工商大学，2007。

一部分原因来源于优秀的动漫人才。在日本，有超过400家动漫学校，每一年都会培养大量的优秀动漫人才。同时，日本的动漫家对自己的作品都有严格的要求，如当代日本的动漫大师宫崎骏，他的《千与千寻》就历时3年才打造而成，最终赢得了奥斯卡奖。正是这种孜孜不倦的努力精神，成就了日本动漫产品的高品质、好口碑，帮助日本动漫走向世界，赢得全世界人民的认可，在艺术上也达到了很高的水平。

第三，成熟的市场化运营模式。日本动漫游戏产业的发展存在着一条完整的产业链。首先在日本有许多漫画家和漫画工作室，如吉卜力工作室。它们不断地进行着漫画作品的创作，通过漫画杂志和漫画图书进行销售。当取得良好的销售成果时，就会把版权出售给动漫公司、游戏企业、相关衍生产品的厂家，由此形成了一条完整的产业链。它们彼此之间相互合作，共同受益，既保证上游漫画家、动漫企业、游戏公司的受益，也给下游的衍生品的生产厂家带来了丰厚的利润。

第四，动漫游戏产业资金来源的多样化。由于动漫产品的一般周期较长，资金就成了横亘在动漫企业面前的一个巨大的难题。在日本，一部动画作品往往是由多个机构来共同投资的，其中包括：电视台或电影公司、广告公司、玩具商、游戏软件公司、动漫作品原创的出版商等。通过各方的共同投资，①一方面分散了新产品开发的风险，另一方面拓宽了资金的筹集渠道。吉卜力工作室的代表作《千与千寻》就是非常好地运用了产品开发的投资联盟体系的一个案例。《千与千寻》是由东宝电影公司、日本电视网、电通公司和其他一些机构组成的投资联盟共同投资制作的，制作费用将近25亿日元。投资方根据各自的投资在总投资中的比例获取收益。由于风险共担、收益共享，所以强化了各投资机构的共同目标，进而各投资部门的积极参与又强化了市场。2001年《千与千寻》的票房达到304亿日元，高业绩地回报了各投资机构。

最后，虽然我们看到日本动漫游戏产业经过多年发展，成为世界第一动漫大国，但是我们也应该看到近几年日本的动漫市场增幅呈现下降趋势，市场规模逐年萎缩，发展环境不容乐观。同时，由于制作成本的不断上升和大

① 姚林青：《繁荣与威胁：日本动漫游戏产业的现状分析》，《艺术生活》2007年第5期。

量优秀人才的不断流失，加上日本人口出现老龄化与少子化现象，国内市场的规模不断萎缩，还有网络数字化的冲击以及电子书籍和盗版的横行，日本的动漫企业纷纷从国内转移，造成了日本本土动漫的空洞化。因此，日本动漫游戏产业受到严重的影响，陷入一个前所未有的困境。

三　出版产业

日本的出版产业是文化产业的重要组成部分之一，其生产的产品是出版物，又称出版品。广义的出版品包括定期出版品和不定期出版品两大类，定期出版品又分为报纸和杂志（或称为期刊）两类，不定期出版品主要指图书；狭义的出版品只包括图书和杂志，不包括报纸。[①]一般来说，日本的出版物是指狭义概念上的图书和杂志。

（一）出版产业的发展历程

日本近代出版业始于明治维新时期，在20世纪初期就已初具规模。多家著名出版社，如博文馆、讲谈社、三省堂等也是同一时期出现的，推动了近代出版业的迅速发展。从1925年开始，日本图书市场上开始出现30~40卷或大部头的全集、丛书出版物，图书品种和数量急剧上升，到1938年，日本出版图书就已近达3万种，[②]但受经济水平制约，此时的出版业无论是在市场体系还是运作机制上，仍处于起步阶段。

之后，随着日本加快向外侵略扩张、发动战争，出版业一度陷入政府管制、资源紧缺等困境。政府于1936年颁发《不稳文书临时取缔法》、1938年颁发《国家总动员法》等一系列法令限制言论自由、出版自由，“二战”开始后，甚至运用一切手段对出版业进行彻底管制，强调一切言论、出版都必须服从战争，不容许左翼出版物的发行，只有宣传和美化战争、军国主义的出版物才得以流向市场。同时为进一步加强管制，政府还对印刷出版物资、流通渠道进行了严格管制，使得印刷用纸原材料紧缺，众多出版社被迫由委托

① 王益主编《中国大百科全书》，锦绣出版社，1992，第241页。

② 尹章池:《文化产业概论》，北京大学出版社，2014，第118页。

制度转为包购包销制度，图书的出版发行进一步受限。

直至战争结束后，具有法西斯性质的相关政策法规得以废除，出版业才重新进入正轨，由此拉开现代出版产业的序幕，之后，随着战后经济的恢复和高速发展，出版业也一路高歌猛进。日本杂志出版协会、出版科学研究所、日本书籍出版协会等行业协会组织正是在这一时期相继成立的。到1985年已有书刊批发公司150多家，日本市场规模最大的东京出版贩卖株式会社和日本出版贩卖株式会社占据了书刊批发营业总额的70%；1986年已有出版社4183家，其中资产1亿日元以上的就有103家，并且在经济泡沫的1989年，出版业的营业总额达到了2兆399亿日元，进入“2兆日元时代”[①]，达到鼎盛时期，但随着泡沫经济的破灭，自90年代末期，日本出版市场就开始进入长时间的萧条时期。据日本出版科学研究所2011年2月份发布的统计数据，2010年，日本书籍、杂志的销售总额估计为1.8748万亿日元。

（二）出版产业的特点

虽然当今日本的出版市场仍处在持续低迷的情况之下，但不可否认日本仍是世界上最重要的图书市场之一，这也受益于独具日本特色的漫画文化、出版流通体制等方面的影响，以下具体介绍日本出版市场的特点。

1. 以漫画为主导的出版物

日本漫画成为日本文化不可分割的一部分，在世界漫画业内都有深刻的影响力。日本漫画出版物占其全国出版物的30%，[②]是出版产业的重要支柱之一，并且种类繁多、分类详细，面向儿童、白领、学生、老人等不同人群，内容也涉及生活哲学、日常工作、政治主张、专业知识等各个领域。同时，由于日本文化产业具有独特的产业链模式的特点，漫画通常作为第二大产业——动漫游戏产业的基础，是整个产业链的开端。

漫画在书与刊的出版阶段，杂志先于图书而面世。至今，漫画的创作和发行出版已经形成一个非常严密且高效的运转系统，这一重要的环节就是由

① 尹章池:《文化产业概论》，北京大学出版社，2014，第120页。

② 李怀亮主编《国际文化市场报告》，首都经济贸易大学出版社，2014，第153页。

杂志完成的。一部漫画作品，以前是出版社委托漫画家，由漫画家自行选题并创造，而现在则是由漫画杂志社的编辑为读者寻找新的好作者，并为以各种形式找到的作者选择最适合他们，同时最可能流行的故事，甚至决定故事的发展方向。日本市场上的大量漫画杂志价格低廉，但每期都会刊登数部最新作品的部分。由于售价远远低于成本，出版社又必须保证很大的发行量来为杂志上的作品打出知名度，漫画杂志一直都是亏本销售。弥补这些财政损失的方式一是来自将连载作品结集成册的漫画单行本图书，这也是出版社赢利的主要方式；二是通过杂志刊载的大量广告赚取利益。[①]如果书刊在市场反响好，则会开启产业链模式，如制作动画，拍摄电视剧、电影等，甚至会以漫画的主题形象为原型，开发游戏、玩具等一系列周边产品，形成庞大的产业链，带动其他产业发展。

2. 强有力的发行机构

日本的出版流通体系不同于其他国家的一点在于，受战时日配制的影响，出版物并非通过出版社直接发行给书店，而是通过专门的书刊发行批发公司进行委托销售。日本拥有两家处于绝对垄断地位的发行机构，即东京出版贩卖株式会社（以下简称“东贩”）和日本出版贩卖株式会社（以下简称“日贩”），共占日本图书市场委托销售量70%~80%的份额，这在世界范围内也是少见的。书刊发行批发公司并非完全意义上的代理商和经销商，其主要特点是进行贷款支付，即往往要提供大量的信用金。根据寄销制，寄销物在绩效期限到期后扣除退货部分进行结算，但书刊发行批发公司需要在正式结算日之前预支部分货款；同时，出版社还可以和发行机构之间相互参股，如东贩公司中52.8%的股份属于讲谈社、小学馆等360家出版社，日贩公司同样有58.8%的股份属于以讲谈社、小学馆为首的321家出版社，[②]出版社和发行机构两者之间并非上下隶属关系，而是平等的商务合作关系。

也正是因为有如此强有力的发行机构为日本出版流通体系打下基础，出版社才放心将销售环节交给他们，从而降低自身发行成本，减小风险，进而

① 孙洪军：《日本出版产业的特点与发展经验》，《中国出版》2007年第7期。

② http：//bjcb.100xuexi.com/view/otdetail/20120929/b2438ccb-5dd4-4b58-bdaa-5d557b4d03c8.html.

集中开发核心业务。尽管日贩和东贩无论是在市场规模、经济实力方面，还是设备设施、代销功能上都已达到顶尖水平，但因为其最初定位均是内向型企业，所以海外业务拓展较晚，在世界范围内，并未具有很强的影响力。

3. 委托销售制度

委托销售制度是指出版社和书刊发行批发公司根据书店状况向其分配图书，由书店进行销售，在协议期限之内可以将未销售出的书退还给出版社。这个制度也是日本出版流通体制的核心制度，日本图书市场60%~70%的交易份额是通过这一方式完成的。委托销售分为三种形式：①新书委托销售：针对新版、重版的图书以新书委托的方法来分配，委托销售时间一般为3~5个月；②长期委托销售：针对已经出版的出版物，以主题或季节来成批销售，委托销售时间较长，售完后没有补充，售完为止；③常备委托销售：委托销售时间为一年，委托的图书在书店中一旦被销售完，出版社应立即送货。这三种形式相互补充，使得书店可以尽可能多地摆放和销售出版物，扩大读者的选择范围。

杂志由于是定期出版，因此采用委托销售制度可以更好地根据销路的好坏，变更销售点的杂志销售数量，周刊的委托销售时间从发行日起40天之内，月刊和季刊为60天。①

委托销售制度主要由出版社、书刊发行批发公司和书店之间签订协议来执行，一家出版社可以将图书交给多个不同的书刊发行批发公司，而一家书店原则上只与一家书刊发行批发公司合作。同时，并非所有的出版社都采用委托销售制度，如岩波书店等出版社实行的便是包购制度。

4. 定价销售制度

定价销售制度是指作为厂家的出版社，有权决定本社图书的销售价格，并要求书刊发行批发公司和书店予以遵守。在定价销售制度下，出版社按一定的折扣率批发给批发商，批发商再按一定的折扣率对零售店进行二次批发，而零售店只能按照出版社的定价进行销售。

定价销售在近代日本出版业中就开始使用，1949年4月美国占领当局公

① 李常庆：《日本出版流通体制研究》，《北京大学学报》2000年第3期。

布《禁止垄断法令》后一度被取消，但在实际操作中仍被业内采取实施。至1953年9月《禁止垄断法令》修订后，定价销售得以正式承认并受到法律保护，但关于该制度的争论一直持续至今。定价销售制度虽然一方面可以防止书店、书刊发行批发公司之间的恶性价格竞争，保障日本全国民享受公平待遇，阻挡其他行业、外国同行进入等，但另一方面也存在许多问题，例如，由出版社一方决定价格，书店在行动上缺乏积极性，提供特色服务明显滞后，同时由于缺乏其他销售手段，在滞销时出现成批退货等问题，正常图书杂志的退货率在30%以下，而日本出版产业自1997年以来退货率几乎都在35%以上，甚至曾两度达到40%①。1980年，日本曾尝试实施新的转售制度，但结果却是市场由于随意降价而陷入混乱，并未出现自由价格竞争的局面，导致无疾而终。时至今日，日本图书市场虽然还是采取定价销售的制度进行流通管理，但关于此类问题仍争论不休。

综上，日本的出版流通体系正是在强有力的书刊发行批发公司的基础上，通过委托销售制度和定价销售制度进行正常运作的。这种“出版社→书刊发行批发公司→书店”的出版流通体系已经延续了半个世纪之久，虽然长期维护并促进了出版产业的发展，但同时也成为阻碍现代出版产业发展的原因之一。

（三）现状及存在问题

1993年，日本图书出版总量在全球排名第二，仅次于美国，然而90年代末期，出版产业受泡沫经济破灭、人口老龄化、人口少子化、出版业自身问题等因素的影响，开始走向下坡路。目前，日本没有专门的管理出版事业的独立机构，而是根据出版工作的不同方面，由分散且众多的不同政府部门分别进行管理；完善、先进的法律体系为日本政府对出版业进行直接行政干预和联合行业协会间接管理出版业提供了可靠、科学、有效的法律依据，使出版业管理形成以法律为核心，以各方面管理力量为主体的管理系统。②

从出版市场整体来看，根据统计结果，1996年日本出版市场估计销售额

① 《出版指标年报2016》，出版科学研究所。

② 杨贵山：《国际出版业导论》，北京大学出版社，2010，第45页。

达到近数十年最高峰，为2兆6564亿日元，随后市场规模不断缩小，2004年稍有回转后又持续十年缩小，2014年纸质出版物的估计销售额比上一年同期下降4.5%（减少758亿日元），达到1兆6054亿日元，相比1996年高峰期下降60%以上。其中，杂志在1997年达到最高估计销售额，为1兆5644亿日元，到2014年则缩水46%，降为8520亿日元；书籍从1996年最高估计销售额1兆931亿日元，到2014年缩水31%，降为7544亿日元。另外，销量方面同样减少，2014年纸质出版物比上一年同期缩水6%（减少1亿4557万册），估计销量为22亿9549万册，自1995年最高销量48亿431万册以来首次下降超过50%。其中，杂志从1995~1997年最高销量39亿1060万册到2014年缩水58%，降为16亿5088万册；书籍从1988年最高销量9亿4379万册到2014年缩水32%，降为6亿4461万册。①

但是，面向智能手机、专用终端等新型平台的数字出版物市场开始兴起，并处于高速发展阶段之中。对出版业界而言，2012年是一个转折点，新型电子书专用终端被投入日本市场，同时出现大量数字书店，形成一个极具发展前景的数字书籍相关市场。数字出版市场规模发展速度迅猛，呈几何倍增长，从最初2002年的10亿日元增加到2010年的650亿日元，到2016年为止，已高达1909亿日元，相较上一年同期增长27.1%。其中，电子动漫比上一年增长27.1%，达到1460亿日元，电子书籍（仅文字）增长13.2%，达到258亿日元，电子杂志增长52.8%，达到191亿日元。②

从出版流通体系来看，首先是发行渠道占比发生了变化。日本主体发行渠道是“出版社→书刊发行批发公司→书店”，但近年来随着数字网络技术的发展，“出版社→书店／便利店等”进行直接销售的比例增大，这是为了积极根据读者需求供货以减少中间环节的盈利，从而提高自身收益。其次，书刊发行批发公司出现两极分化现象以及退货共同化，日贩和东贩两大公司占据日本图书市场委托销售量70%~80%的份额的同时，两者之间也进行着争夺销售份额的斗争，这对中小批发公司造成严重影响，导致两极分化现象；并

① 「平成26年度出版物の流通促進に向けた契約の在り方に関する調査事業報告書」（平成27年3月）経済産業省。

② 《出版月报》，出版科学研究所，2017年1月。

且，随着出版产业退货率的提高，流通业开始相互合作，例如，以东贩为首的东贩集团在埼玉县建立东京后勤中心对退货的杂志进行处理，等等。此外，末端书店、零售业也发生着变化，因出版业的不景气，书店数量持续减少，2007 年为 17327 家，至 2015 年仅余 14468 家。但同时，书店平均面积却在逐渐扩大，2007 年为 104.7 坪（1 坪约合 3.3 平方米），至 2015 年增长到 120.2 坪，[①] 这是因为大型书店不断开设分店，并且推出其他服务，以弥补主营业低利润的不足，但这也给中小型书店造成压力，众多小型书店纷纷倒闭。

综上，可以看出当前日本出版市场存在的若干问题。首先是直观的经济效益大幅下降，与出版产业相关的出版社、书刊发行批发公司、书店等相继休业、转让或倒闭。其次出版社出书品种过多过滥，20 世纪 90 年代平均每年出版图书 60000 种，2003 年达到 75530 种，2015 年高达约 80000 种，平均每天有 200 本以上的书籍出版，通过图书书刊发行批发公司发给书店，[②] 图书品种不断增加，然而销量却在不断下降，必然导致利润减少，出现新书泡沫泛滥。其原因一是日本出版流通的定价销售制度，使得书店之间不会出现价格竞争，既没有竞争的必要，想竞争又不可能，因此，卖剩下的书只能退货。而退货越多，为弥补已经收取购书款造成的亏空，就越要接受更多的新书以填补，如此循环往复，就只有无休止地出版新书，造成了出版行业越是卖不动，越必须出新书的恶性循环，称为“新书陷阱”。二是日本出版界将“大量生产、大量宣传、大量销售、大量消费”的商品经营理念作为主流发展理念，其核心是“面对读者的不同愿望策划选题，然后发现适当作者，并与作者同甘共苦至定稿，通过广泛宣传开发读者”。[③] 这一理论曾经的确打造了大量畅销书，但同时书籍也被商品化，限制了作品原有的活力。并且，按照大多数消费者的需求过度策划，也容易导致出版物的极度大众化、商品化、娱乐化，甚至低俗化。

最后，在出版业低迷的现状中，这种“大量生产、大量宣传、大量销售、大量消费”的经营理念也导致了退货率居高不下这一问题。出版物与普通产

---

① 根据《情报媒介白皮书 2017》统计。

② 《出版指标年报 2016》，出版科学研究所。

③ 孙洪军、盛金：《日本出版产业困境解析》，《现代日本经济》2007 年第 5 期。

品相比更注重时效性和认同度，一旦失去最佳销售期或内容过时，就很难再销售，并且纸质出版物易破损，退货基本意味着退出市场，所以较高退货率对出版业来说是致命的危险。然而日本自 1996 年开始，退货率就一直居高不下，普遍在 35% 以上，[①] 同时退回的书刊多数被化为纸浆进行处理，造成了极大的资源浪费。

以上问题的原因是非常错综复杂的，既有外部经济、社会的因素，又与出版产业自身矛盾的积累有关，主要可分为以下几点。①泡沫经济破灭：20 世纪 80 年代中后期到 90 年代初日本经济经历了一场前所未有的泡沫经济，自破灭以来，长期处于经济萧条状态，直接影响包括出版业在内的各个产业。②人口老龄化和少子化的双重影响：日本是少子化和老龄化极为严重的国家，其带来的人口总数的下降，意味着读者的减少，特别是青少年这一主要消费人群，这给出版产业带来直接明显的冲击。③产品结构严重失衡：首先是“大量生产、大量宣传、大量销售、大量消费”的经营理念使书刊“极度商品化”；其次日本出版业以大众出版为主，忽略专业出版和教育出版；最后为满足多数消费者需求，出版物过分娱乐化。④第四媒体的冲击：随着网络技术的发展和普及，用手机、电子书等产品阅读的人数日益增加，对传统纸质出版构成极大的冲击，其市场份额受到影像、图像、电子书的严重分割。同时，手机小说并不需要印刷成本，也无库存压力，使得部分出版社开始积极运营手机小说。⑤供求信息的严重不对称：教育、专业出版板块的读者相对稳定，需求信息的调研和估测难度相对较小，而大众出版板块需求十分不确定，难以预测每种图书的销售量，所以图书发行的退货率居高不下，报废率也相当高。并且，制作工艺的特殊性决定只能按照市场预期批量生产印刷，不能以销定产，按需出版，具有很大的盲目性和博弈性。⑥出版流通的困境：首先是“定价销售制度”造成的新书陷阱；其次是出版产业以“委托销售制度”为主，而日贩和东贩又控制着 70%~80% 以上的出版流通渠道，使其他发行公司难以与之竞争，出版流通领域明显活力不足，处于竞争系统失效状态。另外还有二手书店的冲击，虽然这类书店的开设开拓了市场，但其低廉的价

① 《出版指标年报 2016》，出版科学研究所。

格也导致了图书市场秩序的紊乱，严重影响日本书刊定价销售制度。⑦图书馆的兴盛：日本是一个公共图书馆非常兴盛的国家，并且免费为社会服务，属社会公共福利性质，其普及和功能的增强也对出版业发展起到一定的阻碍作用。[①]

（四）重点企业

目前，日本的图书出版市场上主要有五家大型的图书出版集团，分别为贝乐思通信教育公司、角川书店、集英社、讲谈社、小学馆，这五家图书出版集团占据日本42.5%的图书出版市场，其他中小型出版公司占据约57.4%的图书出版市场。[②] 在整个出版产业处于低迷的大背景下，各大出版社都推出各项战略，以期改变现状。巨擘之一的讲谈社与时俱进，顺应潮流积极开展数字化战略，具体实施情况如下。①加入行业联合会：以讲谈社、小学馆、集英社三家日本大型出版社为首的“出版数字机构”正式成立，主要负责统筹数字出版市场的发展，维护各出版社的利益，同时构建出版社数字出版平台。②引进数字印刷机：数字化生产降低人工和制作成本，实现出版物的多样化，增加出版社的出版活力等。③电子书业务和网上书店：2012年，讲谈社开始同时发售纸质版和电子版书籍，并很早前就已经开设了网上书店，通过全国各地的物流配送网点，使得消费者可以到就近的便利店付款取书。④业务数字化管理：讲谈社成立了专门的书籍贩卖促进局来组织品种、数量繁多的图书杂志的发行工作，其主要工作是和各大书店密切联系以便使新书尽快上架，同时收集所有书店的销售反馈等。[③]

虽然讲谈社等出版社推出各种积极战略以应对当前困境，但其在出版流通体系中还是主要根据委托销售制度，新书经由以讲谈社、小学馆、集英社等几家巨头为主要股东组建的日贩和东贩两大书刊发行批发公司进入零售市场，其居高不下的退货率仍是业内难题。而以角川书店为首的几大出版社则是直接跳出传统出版流通渠道，自己建立物流管理中心，直接与书店合作，

① 孙洪军、盛金:《日本出版产业困境解析》,《现代日本经济》2007年第5期。

② 李怀亮主编《国际文化市场》，首都经济贸易大学出版社，2014，第151页。

③ 张雪:《讲谈社的数字化策略》,《出版参考》2015第1期。

同时角川书店通过实施各项跨媒体战略，成为近十年来销售额唯一持续增长的优质企业，以下进行详细介绍。

角川书店由日本文学者、俳人角川源义创立于 1945 年 11 月，1949 年推出“角川文库”，1970 年出版横沟正史系列作品，确立了角川书店在出版业的地位；1976 年推出首部电影《犬神家一族》，开始涉足电影界；1985 年进入漫画市场，1998 年创立以少男少女为主要读者群的口袋书轻小说系列品牌，2013 年 10 月，改名为 Kadokawa，正式进入向数字化转型的 One Company 时代。其近十年来的战略主要有以下几方面。①跨媒体的内部资源整合战略：2002 年收购大映等几家制片公司后，正式拥有完整的电影产业链，并于 2011 年将角川电影合并到角川书店中，建立起利用出版优势的经营体制，完成了从图书出版业到影视业的产业融合。②并购与资本合作：陆续收购 Media Factory-tory、日本最大的手机小说网站，并购 ASCII 公司，通过这些异质性经济资源整合内部资源，实现娱乐杂志与数字娱乐媒体及 IT 专业媒体之间的融合，并与各领域的领先企业进行基于资本的业务合作，开拓新领域，如日本移动通信业巨头 NTTDoCoMo、多玩国、东芝等公司。③加速推动销售模式的变革：1999 年与其他 5 家中坚出版社组成销售和物流管理协作联盟，绕开两大发行机构，直接与拥有东京圈 200 家店铺的大型书店文教堂进行合作；并且借助出版轻小说、漫画等领域优势，对此类作品进行数字化，与多家电子书店平台合作进行销售。④“走出日本”的国际化转型：角川在 1999 年在中国台北首先设立了第一家海外子公司，随后顺势进入香港，并进一步打开了中国内地市场；目前，Kadokawa“走出日本”的国际化转型战略将目标锁定在整个亚洲，设定了未来海外销售收入占整个公司收入 10% 的目标。⑤ Kadokawa 的组织架构与数字网络平台化战略转型：2013 年角川放弃集团控股制度，改用普通实业公司制，合并旗下 9 家独立核算的子公司，改名为 Kadokawa，正式进入向数字化转型的 One Company 时代，并推进集团内容产品的多媒体化战略，向规模经济、平台经济线上销售转型。①

近十多年来，不仅仅是日本出版市场萎靡不振，世界出版市场都受到来

① 尹良富：《转型：从出版商到基于知识产权创造的娱乐内容提供商》，《现代传播》2014 年第 9 期。

自各方面的冲击，但在未来相当长的一段时间内，数字媒体出版物还是无法完全取代纸质出版物的，在当下，如何顺应势不可挡的数字信息技术时代、采取一系列改革创新措施，是出版社、发行机构、书店急需面对和思考的问题。

四　表演艺术产业

日本的表演艺术主要包括戏剧、音乐、舞蹈等舞台艺术，其中戏剧除近代剧之外，主要包括日本由来已久的“能乐”“狂言”“木偶净琉璃”“歌舞伎”四大古典戏剧，内容丰富，形式多样。以舞台艺术为中心，根据 2003 年的统计数据日本有 1000 多个演出团体，吹奏乐团有 14000 个以上。经过 2001 年确定“文化艺术立国”战略以来，支持表演艺术领域的主要三大机构分别是独立法人文化艺术振兴会、社团法人日本艺能实演家团体协议会（艺团协）、社团法人日本公立文化设施协会。加盟社团法人日本艺能实演家团体协议会的剧团有 70 个左右。根据文化厅最新统计数据，日本表演艺术家的数量也在年年增加，截至 2007 年，演员、舞蹈家以及演艺家的数量达到 81800 人，仅演剧的市场规模已经达到 1200 亿日元，演唱会等市场规模达到 12000 亿日元。每年演唱会的次数已达到 3300 次，观众每年大约有 400 万人。其中日本公立的文化设施数量达到大约 2200 所，大多数是可以容纳 300 人以上的场馆，加上民间私立设施，日本全国的文化艺术设施达到 3000 所左右。日本内阁府 2003 年开展的“关于文化的舆论调查”中对于艺术文化的国民意识的调查结果显示，90% 以上的国民认为文化艺术是非常重要的、不可或缺的精神存在。可见在日本，无论是政府还是国民，对文化艺术的认同感都是十分深厚的。表演艺术领域中有日本四大戏剧公司，分别是四季剧团、东宝公司、松竹公司以及宝冢歌剧团，它们都是演出年收入均在 100 亿日元以上的大剧团。

（一）表演艺术产业的发展历程

日本的表演艺术产业的发端可以说由来已久，特别是古典戏剧的发端最早可以追溯到公元 10 世纪前后。那时只是宫廷或者一些民间的传统祭典，还未称得上戏剧。随着时间的推移，慢慢地由祭祀等形式演变成戏剧。在明治维新初期，受到西方文化的影响，将古典的歌舞伎进行改良，出现“新派剧”。第一次世界大战后新剧运动越发高涨，形成近代剧。1918 年，设立了第一个公立的文化设施——大阪市中央公会堂，紧接着 1929 年设立日比谷公会堂，供公民进行音乐、戏剧、舞蹈等演出的观赏。1935 年，据不完全统计，日本民间的以表演歌舞伎和能乐为主的民间的能乐堂和戏剧小屋的数量已经超过 2400 处，公立的文化设施大约有 20 所。但是受到了第二次世界大战的影响以及电影和电视机的慢慢普及，文化设施大幅减少。

第二次世界大战后日本开始主打“经济立国”战略，进入高速经济发展期，伴随着这一潮流，日本的公立文化设施又开始渐增。国家和地方公共团体开始不断重视文化设施的重建，追求文化活动以及文化艺术的市民也大量存在，于是诞生了许多艺术团体，戏剧以及音乐和舞蹈的表演开始以艺术团体包揽的形式出现，即“收购公演”。如 1960 年成立的社团法人全国公立文化设施协会，成立之初专门为歌舞伎的巡回演出制订计划。1965 年又成立了社团法人日本艺能实演家团体协议会，专门为表演艺术的发展出谋划策。为了振兴表演艺术领域，日本政府于 1966 年 6 月公布了《国立剧场法》，1968 年改在国家文化厅内设置“文化财保护部”，部内设“无形文化课”，专职负责古典戏曲的保存与振兴工作。国家文化厅又设“文化普及课”，主管推广戏曲和培养观众的事务。[①] 进入 20 世纪 70 年代，为了吸引更多的观众，日本艺能实演家团体协议会 1971 年开始加入音乐、舞蹈。戏剧等的入场费减免废除的运动，使得入场费得到一定的减免甚至废除。80 年代，市民开始批判“多功能剧场”的无意义，表演艺术逐渐追求专门性高的剧场的表演。同时 1983 年 12 月召开的“集聚使表演艺术更加丰富的艺术家，在创作的现场我们应该追求什么”研讨会，是日本艺能实演家团体协议会推动日本表演艺术发展的一个重要标识，并且 1984 年开始讨论关于《艺能文化基本法》的确立问题，引起国家政府部门对于表演艺术领域的重视。进入 90 年代以后，成立了更多的公共剧场和音乐厅等，比如静冈艺术剧场、琵琶湖音乐厅等，逐渐促进了表演艺术的广泛推

① 石泽毅:《从四季剧团的经营看表演艺术的产业化》,《北京观察》2003 年第 12 期。

广。21 世纪以来，随着国家政策的不断支持，表演艺术的发展不断前进。比如以舞台艺术为中心的艺术家的人数的变化如图 8–2。

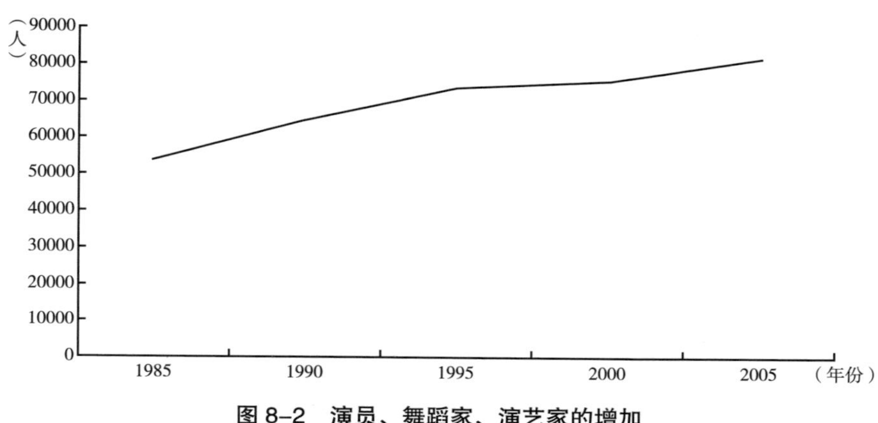

图 8–2　演员、舞蹈家、演艺家的增加

资料来源：《文化艺术关联数据集》，文化厅长官官方政策课，2007 年 6 月。

对艺术家的需求不断扩大，艺术家的收入也不断提高，作为文化产业中的一分子在促进地域振兴等方面发挥不可小觑的作用。

（二）表演艺术的特点

1. 政府扶持力度大

日本政府不直接管理演出团体，主要是为表演艺术发展提供良好的政策环境，在表演艺术人才培养、国际交流等方面提供资助，同时建立国立剧场为传统演艺团体和交响乐、芭蕾等演艺团体提供演出场所等。1966 年颁布《国立剧场法》，1979 年成立国立演艺资料馆，1983 年又成立国立能乐堂以及 1984 年成立国立文乐剧场，形成一个国立剧场群。1990 年又对《国立剧场法》进行修正。成立日本基金会，政府出资 500 亿日元，民间出资 100 亿日元，赞助日本文化艺术活动的发展，之后于 2003 年更名为日本文化艺术振兴会，是由教育部、文化部、体育部、科学与技术部提名并委任各方面的专才组成的领导团体。1997 年新国立剧场以及 2004 年国立冲绳剧场分别成立，极大地扩充了表演艺术的场地，给表演艺术创造了良好的场所环境。同时日本国立剧场从1970年就开设研修生课程，培养专门表演艺术人才，注重青少年对于传统表演艺术的学习，资助民间培训团体和开设儿童剧场等。公益法人艺团协在推动日本表演艺术领域相关立法的发展过程中也起了非常重要的作用。1984年艺团协开始讨论关于《艺能文化基本法》制定的必要性，并于1985年设立"文化政策研究会"，开始了关于"文化政策"的研究。由于当时受第二次世界大战的影响，"文化政策"等字眼相当敏感。于是艺团协先是不断介绍海外国家的一些文化政策系列，积极召开"文化政策的国际潮流"等研究会，让"文化政策"一词不断被接受、被普及。同时成立"艺能文化问题研究委员会"把握表演艺术活动的现状，了解国家和地方公共团体对表演艺术的政策关怀等。于是1985年日本超党派的参众两院中的音乐议员开始设立"艺术振兴基金"，艺团协就此出版《艺术文化振兴政策的财政基础》与《艺术文化振兴基金的课题》等，不断促进政府的相关立法保障。1989年日本文化厅长官开始召开"文化政策推进会议"。1998年艺团协再次召开关于"艺能基本法"的研究会，1995年，国会议员提出"艺术、艺能实演家的地位以及艺术文化振兴相关基本法"的议题。2000年，立法趋势势不可挡，2月设立"艺术文化基本法"特别委员会，于2001年6月14日组织讨论，终于同年11月30日通过，《文化艺术振兴基本法》最终被确立。这是艺团协不断推动的结果，也标志着日本文化艺术领域的发展得到法律保障。日本政府又于2012年颁布《剧场法》，激发剧场、音乐厅的活力。近年对相关法律进行不断的完善，2015年日本文化厅发布了《关于文化艺术振兴的基本方针的内阁讨论决定》，特别强调推动表演艺术走向海外，创造交流平台，促进国际文化交流。同时针对文化艺术振兴中儿童的培育，2017年日本文化厅发布了《2017年文化艺术中儿童的培养项目——巡回公演项目》，针对表演艺术中儿童的培养提出具体方案。日本政府大力扶持表演艺术的发展，对于环境、资金以及人才的培养都予以支援，促进表演艺术的不断发展。

2. 表演艺术的产业化

正如上文所述，日本表演艺术现在基本上依赖团体演出，不再是个人组织，例如，现在演艺界四大公司四季剧团、东宝公司、松竹公司以及宝冢歌剧团，基本都是企业化的链条：培养表演人才、排练节目、公开表演等。

2002 年的数据显示，由于舞台艺术的公演逐渐趋于大都市，所以民间的小型的剧团难以为继，相继倒闭。可见表演艺术的规模越来越大，具体改革以四季剧团为例。四季剧团在实现产业化的过程中首先对剧团进行企业化，四季剧团于 1966 年成立，由于成立之初演出作品入不敷出，造成巨大的经营赤字，一度徘徊于破产的边界，之后四季剧团便调整公司经营体制，改为有限公司，1967 年开始实行股份制，引进现代企业制度管理公司，以赢利为目标是公司成立的基本。四季剧团改组后，首先进行了明确的内部分工，如有表演人员、技术人员、营销人员以及管理人员，同时设立专门的企划部门，对于演出市场进行分析，制订中长期的计划，采用有效的营销方式，比如利用各大媒体进行广告宣传等，争取最大利润，公司各部门各司其职，互相联系但是互不干涉，形成有条不紊的产业线条。其次明确了艺术剧团向来的账目不清的处理办法，成立专门的财务部门，由专门的财务人员去管理账目，同时也明确了公司成员的待遇问题，规定月薪，有效地避免了演出时因收入不明确发生争执，对公司进行企业化的改革。之后，对演出人员进行专业化的培养，由于当时的戏剧演员也从事各种电影、电视剧的拍摄，日程繁忙，排练戏剧基本没有充足的时间，以至于表演质量低，观众越来越少，于是四季剧团成立附属演剧的研究所，招募研究生，对演员进行专门化的培养，选拔的研究生不得再从事别的舞台艺术和活动，整体提高演员的水平，促使演员的收入也直接超过其他行业同龄人的收入。因此，只要保证演员的收入就可以实现演员专业化。而保证年收入较高的一个重要措施，就是演出的产业化。四季剧团瞄准市场，不断增加演出的场次，增加观众人数以提升规模效益。四季剧团把全体演员按照最佳配置分为 8~9 个组，在全国 7 个专用剧场以及其他租赁剧场同时演出，优化人力资源，从而增加收入。同时，四季剧团还对售票系统实行商业化，即绝不采取赠票的方式获得上座率。让观众形成四季剧团的演出水平高、珍惜观看机会的心理，从而获得更多潜在的观众群。不断完善售票系统，采用网络售票，极大地方便了观众的选票和购票。四季剧团在对表演艺术事业进行产业化的同时，还注重选择合适的剧种剧目，打造自己的营销品牌，如四季剧团的音乐剧深入人心。四季剧团也积极响应国家政策的支持，由国家以及民间团体出资新建表演剧场等，寻求经济界的援助，2001 年四季剧团在东京四季“秋”剧场演出原创音乐剧《异国之丘》，包括中曾根康弘等多位前首相、河野洋平外相及索尼、电通、富士急行、鹿岛建设等各大公司会长、社长等在内的 1000 多名政界、经济界人士出席了首演，场面宏大，被人们称为名流大聚会，足见四季剧团影响力之大。①

3. 与地域振兴挂钩

日本政府是不直接参与表演艺术产业的，表演艺术产业基本上是民间团体自主经营管理的，即“地域自治”的模式。“地域自治”的主体是住民、非营利组织、事业推动者、专家等组成的网络。新川达郎指出：这是为地方发展、激发地方活力而产生的新的管理秩序，体现了地域共同治理的特点。我们正生活在政府体系再造的时代，一边被时代潮流冲击，一边也在精彩的时代中饶有趣味地生活。② 换言之，给予地域充分的自主管理的权利，促进地域振兴。在发展表演艺术的同时，带动当地社会的活力以及实现当地经济振兴也是目前发展的一大趋势。

为培养专门化的当地人才，在小学课堂上开始引进表演艺术，结合当地的传统文化，培养一批批继承传统、开拓创新的专业人才，吸引外地人前往，使旅游业得到发展，从而促进地域文化经济振兴。

日本的表演艺术，特别是对古典戏剧的表演，一直受到日本国内观众的喜爱，也成为具有日本特色的一种文化象征，2001 年能乐、2003 年木偶净琉璃、2005 年歌舞伎相继被联合国教科文组织指定为人类口头和无形文化遗产，同时，鉴于现在年轻人对传统文化的忽视，对于这些文化遗产的传承是有些许困难的，这也是政府一直不断致力于对传统文化继承人才以及现代表演家人才培养的原因，此外，对于表演艺术的资金援助，正如文化财团常务理事片山正夫所说：日本艺术推动机构在审批需要援助项目时存在不重视是否真正资助了企业，只是一味给予资助即可的倾向，加之表演艺术逐渐集中于大都市，地方对于接触多种多样的表演艺术的机会也减少了，地方一些小型的企业便仍处于边缘，主要受益者集中于大型企业。但是政府也每年在调整，给予企业各种关怀援助，例如，将对音乐厅和剧场的资金援助交由新

① 石泽毅：《从四季剧团的经营看表演艺术的产业化》，《北京观察》2003 年第 12 期。

② 赵建中：《浅析日本文化政策——从政府主管到地域自治》，《上海艺术评论》2017 年第 2 期。

的公益法人团体运转，确保每项资金切实得到有效的使用等。同时，表演艺术产业也在不断结合时代的新元素，在危机和契机中不断完善发展着。

五　创意设计产业

1997年英国在《创意产业专题报告》中首次对创意产业进行了定义，认为创意产业是“源于个人创造性、技能与才干，通过开发和运用知识产权，具有创造财富和增加就业潜力的产业”，并根据此定义，确立包括广告、建筑、艺术和文物交易、工艺品、设计、时装设计、电影、互动休闲软件、音乐、表演艺术、出版、软件、电视广播在内的13个行业为创意产业。这一概念也被众多有意发展创意的国家和地区所接受，并根据自身国情稍做调整后采用。同时，因为创意产业在上述概念中不涵盖科学技术的发明，而专指文化领域中的创新，所以又可称之为文化创意产业。

文化创意产业是以文化为共同条件和特性，通过发明创新即创意，产生出能够创造经济价值的一类产业形式，其并不是文化、创意和产业的简单组合，它们之间相互联系、互相渗透，构成一个互动的系统。[①] 而文化创意产业与文化产业之间有着密切的联系，既有相互交叉的领域，又有各自的侧重点，但都是以文化为出发点，在此基础上发展形成的，因此本章从狭义范围上，将创意设计作为文化产业的一部分进行探讨。

目前，日本并没有像英国那样明确地提出创意产业发展战略和公布创意产业分类，但根据文化类型可以将创意设计领域分为三部分。①设计文化：主要包括工业设计、包装设计、服装设计、商标设计、产品研发设计、流行设计、品牌视觉设计等产业类设计，还有城市建筑设计、历史文化名城保护、建筑景观规划、园林绿化设计、特色街区建筑设计、工程勘察设计及建筑装饰、室内设计等在内的建筑景观类设计，以及新兴的信息设计、网页设计、互动设计、动画设计、人机界面设计和三维设计等。②艺术文化：包括表演艺术、视觉艺术、音乐、工艺品及古玩、出版艺术、体育休闲、时尚艺

---

① 吴存东、吴琼：《文化创意产业概论》，中国经济出版社，2010，第9页。

术、民族民俗文化保护、大众化中的生活艺术以及文化研究、文化艺术代理等。③电子媒介文化：主要包括广告、影视、广播、数码娱乐（卡通、电子游戏、网络游戏、网络服务、网络文化创意等）、软件及计算机处理服务等。[①]其中，第三部分的电子媒介文化，如动漫、游戏等在日本已经相当发达，具有很强的国际竞争力，被公认为日本最具代表性的文化创意产业，本章所讨论的创意设计产业主要指第一部分的设计文化类的文化创意产业，即产业类设计、建筑景观类设计和新兴数字信息设计等。

（一）创意设计产业的特点

近年，以中国为首的亚洲各国和地区的产业国际竞争力迅速提高的同时，日本产业面临着严峻的挑战，日本政府认识到，在竞争激烈的环境中，造成商品差异的竞争优势由传统的“品质”“成本”“交付日期”逐渐变为“自主创新”，如何在同类产品中脱颖而出成为当下新的课题，为此日本将创意设计作为重要手段之一，推行了一系列制度措施以促进日本企业自主创新，提高国际竞争力。其中，日本文化市场的创意设计领域有以下特点。

1. 创新性

创意设计领域的核心是创新性，主要指在文化产品的生产或营销过程中，独具特色的文化创意。在满足基本物品属性的同时，以文化、创意为核心，运用知识技术，创造出新的价值，是创意在特定行业的物化表现，这成为推动市场供需的重要因素。例如，日本著名娱乐厂商、现代电子游戏产业的开拓者任天堂公司，正是其独创精神使得任天堂无论是在游戏机还是硬软件开发上都取得不菲成绩。2006 年推出的 Wii 家用游戏机，任天堂将研发重点并非放在游戏机本身构造的开发上，而是关注游戏机和玩家之间的互动方式，第一次将体感引入电视游戏主机，引发了一场电子游戏革命；2016 年与口袋妖怪公司、谷歌 Niantic Labs 公司联合制作开发精灵宝可梦 GO，运用 AR 技术将现实和虚拟结合在一起，更是在全球范围内引发热潮，在游戏上线后两周内股价飙涨超过 100%，成交量也创下 4760 亿日元的日本股市单日成交纪

① 吴存东、吴琼:《文化创意产业概论》，中国经济出版社，2010，第 92~93 页。

录，使得任天堂市值达到4.36万亿元，[①]正是在不断的推陈出新中，文化商品、文化企业、文化产业才能发展进步。

2. 知识产权性

创意设计的核心生产要素是信息、知识、文化和技术等无形资产，其经济价值的实现则需要依靠知识产权来保证。如果没有知识产权，创意设计将陷入任意模仿、随意复制的混乱局面，整个产业的秩序和平衡都将被破坏，因此，知识产权是创意设计领域的根基。“二战”后的日本，无论是在资源还是技术上，都与欧美国家有着极大差距，为快速发展、获取短期利益，许多日本企业相继仿造、仿冒欧美名牌商品，并大量出口到海外，导致贸易摩擦和欧美国家对日本仿冒产品的不满和抵制，对日本制造的名誉也造成损害。因此，日本政府为了遏制此类行为，采取一系列有力政策措施禁止仿冒、仿造商品，鼓励企业自主创新、提高创意设计能力，塑造本土品牌。例如，1957年成立G标识设计奖以奖励日本工业设计的创新设计，1959年制定《出口品设计法》，出台禁止盗取、仿冒商品的法规，1969年创立日本产业设计振兴会，全面推动日本设计事业的发展与完善，到今日，日本已经培育出了一大批世界知名品牌，其自主创新能力大幅度地提高了，日本设计的国际竞争力与影响力也在大大增强。

3. 高附加值性

高附加值性主要表现为创意赋予商品以观念价值。在经济水平低下、资源相对短缺、技术相对落后的时代，消费者注重的是商品的使用价值，但现在随着全球化进程的加快，技术交流扩散速度大大加快，商品日益丰富且趋于同质化，于是商品中的“精神性”的观念价值所占比重就越来越大。因此，日本经济产业省于2007年提出将“感性价值创造”作为国家战略并加以重点实施，通过构建“感性价值”的第四种价值中枢，创造并获得高附加值，以提升自己的竞争能力。

4. 融合性

创意设计领域具有广泛的融合性，即将各行各业相互融合渗透。这种融

① 高柳旭：《AR技术的先驱者——〈口袋妖怪GO〉》，《中国商业》2016年第8期。

合性将技术、文化、制造和服务融为一体，有利于产业的延伸，会极大地拓展经济的发展空间。具体而言，日本一方面在服装、家具、室内设计、手工艺品等设计领域融合传统文化，另一方面又与数字信息化催生的高科技结合，按市场需求进行设计，由此设计出的产品既有日本传统文化内涵，又有精湛的现代工业技术。例如平面设计的领袖人物龟仓雄策、田中一光等人，他们设计出的作品既侧重日本文化与美学的传统思想，讲究简朴、单纯、自然，体现出设计美的价值，表现出日本固有的意识形态，又强调功能主义，使产品具有独创性、坚固耐用。这种现代感和传统韵味相互融合，构成了独具特色的日本设计风格。

5. 人才特征

创意设计的核心在于创意，因此就必定需要高素质的创意人才。创意人才主要是知识型劳动者，其工作具有特殊性和不可替代性，他们不断创造新观念、新技术和新的创造性内容，职业能力既来自个人经验积累，又有个人灵感的迸发；生产方式是脑力与体力、手工与信息化等现代化手段相结合，实现智能生产与实时敏捷生产。目前，随着工业技术的发展，所需要的创意人才数量比重也在逐年增长，日本政府与民间也早已认识到其重要性，通过“产学官”结合等方式培养人才。例如企业与大学合作，让艺术、社会、科学、理工等不同领域不同专业的学生们参与到企业或各类团体的产品研发、项目过程中去，通过团队合作、具体实践提高自身技能水平，增强自主创新意识。

（二）创意设计产业的发展历程

创新设计领域的范围极广，每个产业的发展历程略有不同，但大致趋势是相同的，同时日本文化市场经济体制又是政府导向型，由政府实施强有力的产业政策，诱导产业结构调整，对经济活动实施广泛而复杂的规制和行政指导，并通过控制财政、税收和金融政策，直接干预金融业，以此保证经济政策的一致性，① 因此从创意设计相关的政策变迁也可以看出创新设计领域总

① 刘云、赵勍:《战后日本产业技术创新支持体系的路径依赖及其创造》,《生产力研究》2011 年第 11 期。

体的发展历程。

总共可分为三个阶段，分别是恢复阶段、发展阶段、成熟阶段。恢复阶段从“二战”后开始，当时的日本在经济和资源都相对落后紧缺的情况下，国内厂商大量模仿欧美产品设计，并制造仿冒产品出口欧美，损害自身声誉的同时，也相继受到英、美、德等发达国家的谴责。随后政府意识这一问题甚至影响到了外交层面，因此为防止此类问题的产生，开始采取政策法规鼓励企业自主创新。1957 年，日本设立G标识制度，鼓励国内企业设计优秀的产品，同时制定了《出口检查法》，加大出口检查的力度，并根据这些法规，建立了出口和进口协会，以加强政府对外贸的管理和统一对外；1959 年，制定《出口物品设计法》，完善禁止假冒伪劣的法律制度，并成立设计鼓励审议组，正式启动设计政策；在 1961 年的设计鼓励审议组报告中，提出要建设振兴设计中心机构、充实设计教育、成立设计研究机构、开展综合设计展、促进政府公共实验研究机构发展，并推动加强设计中心等建议。

此后，日本设计进入发展阶段，1969 年，日本产业设计振兴会正式成立；1972 年，在设计鼓励审议组发表的中期报告中，提出 70 年代设计振兴政策的发展目标，要推进设计振兴政策的系统化、完善扩充设计振兴体制、确立试验研究体制、促进国际交流等，并在下一年成功开展了“日本生活设计展”“环游世界设计大赛”等全国性的宣传活动；1979 年，设计鼓励审议组发布《关于今后设计振兴政策》的报告书，提出充实完善G标识商品制度，加强设计振兴基础设施建设、完善政策等，以深化国民对设计重要性的认知，进一步推动创新设计发展。

到 20 世纪 90 年代初期，日本创意设计进入成熟期，1993 年，设计鼓励审议组提出“顺应时代的新设计政策”，确立设计人才培养支持计划、中小企业设计振兴、地域设计振兴、通过设计扩充和强化国际合作事业等，进一步使设计渗透到社会环境中；并在 1997 年废除《出口检查法》和《出口物品设计法》，取消设计鼓励审议组，将G标识事业交给日本产业设计振兴会进行管理；2003 年，发表战略性设计应用报告书，提出“强化竞争力的 40 项建议”，支持品牌设计战略的应用、产品设计开发，维护改善设计基础设施，加强知识产权保护，培养实践性人才等。并在 2007 年设立儿童设计奖，同时开始提倡“感性价值创造”，在报告书中阐述感性的作用、感性价值的定义、感性价值对创新所起到的作用、感性价值创造方法论、应用感性价值的经济模型、如何实现高感性价值在服务业中的应用等，并将 2008~2010 年定位为“感性价值创造年”，大力度实施一系列政策措施。

（三）现状

博报堂在《2009 年中小企业支援调查（生活文化产业支援现状调查）》的调查结果报告书中，对包括英国 13 个创意产业在内，加上日用品（家具／餐具／珠宝／文具）、皮革制品 5 个产业，共计 18 个产业进行调查，以了解创意设计市场现状，具体数据如下。

2004 年，创意设计市场销售额达到约 45 兆 2355 亿日元，占总产业销售额的 7.3%；相关公司机构有 211894 所，占总公司的 4.5%；从事人员达到 2154886 人，占总人数的 5.4%。与 1999 年相比，创意产业总体销售额减少 12.2%，公司机构减少 13%，从事人员也减少 9.7%。其中，主要原因是制造业的衰退，制造业销售额减少 39.1%，公司机构减少 27%，从事人员减少 33.7%，另外，服务业销售额和公司机构数量仅是略微下降（分别是 5.1%、1.9%），从事人员增长 4.7%，其中，电脑软件・服务、出版、音乐・影像销售额在增加，电影销售额减少 7.6%。

2008 年日本出口额为 81 兆 181 亿日元，进口额为 78 兆 9547 亿日元，盈余约 2 兆日元，其中创意产业出口额为 2 兆 2665 亿日元，进口额为 6 兆 289 亿日元，赤字约 4 兆日元，这主要因为制造业输入过量，另外服务业虽然规模较小，但一直处于盈余状态。2008 年，日本总产业的进口金额前三位分别是美国、中国、韩国，创意市场则是中国、美国、中国香港，特别是从 2000 年左右开始，中国、韩国、中国台湾、中国香港等亚洲各地的进口额在不断增加，尤其表现在制造业上，而服务业主要从美国进口，其他国家进口规模普遍较小。①

① 《2009 年中小企业支援调查（生活文化产业支援现状调查）》，博报堂。

目前，日本创意设计市场面临的问题主要有以下几个方面。首先是日本国内市场的成熟化，各个产业领域已几近饱和，同时受人口老龄化、少子化等因素影响，市场还存在逐渐缩小的趋势；其次是海外产品进入日本市场，一方面来自欧美的中高档产品进口增加，其中不乏具有创意、高附加值特性的产品，另一方面，来自亚洲各国的低价商品进口增加，其不单是在价格方面有相当强的竞争力，并且品质、高附加值特性也在不断提升，争夺着日本市场份额；最后，日本国内消费者需求变得多样化，不仅仅只满足于产品功能，更倾向于产品所附带的精神、文化、价值等多个方面，使产品设计难度进一步加大。

对于这些问题，日本政府企业采取的措施主要是将视线转移到海外，希望通过开拓海外市场以寻求产业的进一步发展。例如以亚洲为中心发展海外市场，提高日本产品、文化在国内外的评价，并通过政府支援，提高中小企业技术水平。

（四）重点项目

1. 优良设计奖（Good Design Award）

在日本的创意设计业中，最权威的奖项是优良设计奖（Good Design Award），其也是唯一一项综合类设计评价・推荐制度，前身是日本通商产业省（现改为“经济产业省”）创办的G标识制度，即“优良设计商品评选制度”，现在则是由工艺财团法人日本产业设计振兴会主办，目的是通过评选并表彰以各种形式展现的“好的设计”来引导我们的生活、产业乃至社会整体朝着更为富足的方向发展。迄今为止，这个奖项持续实施了60余年，评选对象广泛，涵盖设计的所有领域，每年都吸引全世界的企业或设计师参与，获奖总数已超过44000件，为广大消费者所认可并推崇。①

这一奖项在1957年最初是为了鼓励日本企业自主创新，以制度的形式设立的，之后随着企业在设计实践中，相对于原创性，更注重“通过设计对制造精益求精”，因此在实施10年之后，1967年又引入了品质检验标准，向追

① http：//www.g-mark.org/about/.

求"商品的综合品质"的方向转换，从此，G标识制度成为具有创新设计的"高品质商品"的代表。1997年，日本因"促进产业界积极导入设计"这一目标已基本达成，经过各方讨论，以政务精简为背景，将G标识事业交给日本产业设计振兴会进行管理，从此实现了民营化，也从"评选制度"变成了"优良设计奖"。日本众多著名的企业获过该奖，如松下、佳能、东芝、索尼、丰田汽车、日立、夏普等，其为培育日本的本土创新设计品牌、提高国际竞争力起到了重要的推动作用。

2. 感性价值创造

近年，日本政府为丰富国民生活、促进经济发展，提出要让企业、消费者认识到，在产品性能、安全性、价格这三个原有的价值中枢之外，还存在第四种价值中枢，即感性价值，充分利用日本的优势，开展"感性价值创造"国民运动，以提高日本产业的国际竞争力和国民生活质量。

2007年5月经济产业省提倡的"感性价值创造"，主要包括三个方面。①当前面临的结构性变化危机：目前，日本产业正面临着人口少子化、人口老龄化、内需减少、邻近诸国的追击等结构性变化的局面，如何维持并提高竞争力迫在眉睫。而创新设计对提高竞争力有重要作用，因此如何运用创新设计，制作优良商品、提供优良服务是非常有必要的。②什么是"优良商品，优良服务"：商品本身具有内在的审美、概念、赏玩的性质，运用技术、设计、性能、功能、成本等加强其竞争力，并赋予故事情节、信息使其生动化，最终能够给使用者带来"感动、共鸣"等情绪。③产生感动、共感、共鸣：当商品开始引起消费者的"感动、共感、共鸣"的同时，也就创造出一种特别的经济价值。

日本政府要求日本企业充分利用日本文化的多样性、包容性和独特性，发挥日本传统工匠利用天然素材打造手感、触感俱佳产品的加工法以及对消费者感触的仔细体会而形成的对事物高度敏感的精细加工手法，生产或提供能够创造感性价值的商品或服务。同时，还要培养消费者的敏锐感性，使他们愿意购买具有感性价值的商品和服务，进行"感性"的社会再生产，即

“感性循环”运动。[①] 这也是日本政府继 G 标识制度之后，在创新设计领域中采取的又一项具有重大影响的新举措。

六　文化旅游产业

（一）世界旅游的现状

根据联合国世界旅游组织在 2016 年发表的数据来看，2015 年世界全体出国旅游人数比去年增加了 5000 万人，达到 11.8 亿人。实现了自 2009 年美国金融危机之后，连续 6 年的增长。1995~2015 年世界全体出国旅游人数详见图 8–3。

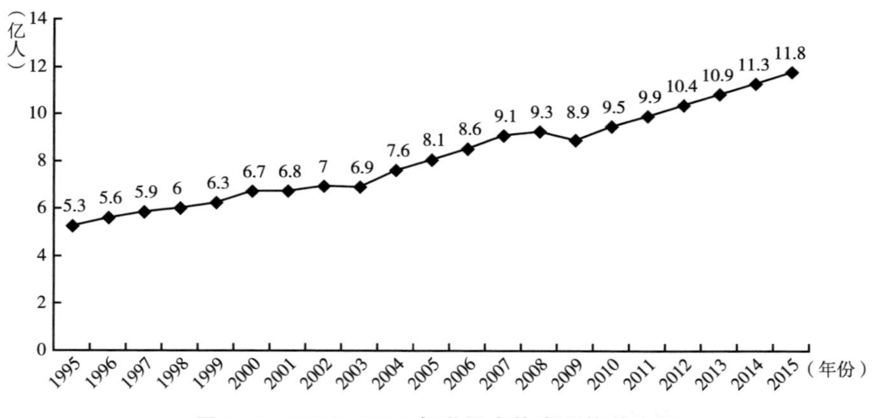

图 8–3　1995~2015 年世界全体出国旅游人数

资料来源：联合国世界旅游组织。

从国际游客的旅游目的地比例来看，欧洲依然是国际游客的首选之地。所占比重也过半，但是在过去十年间有下降的趋势。与此相对，亚洲太平洋地区从 2005 年的 19%，提高到 23.4%，呈逐年显著增长的态势。美洲的比例基本上没有变化，维持在 16% 左右。中东、非洲都维持在 5% 左右，变动幅度较小。2005~2015 年国际游客接纳人数地区比例分布详见图 8–4。

① 《感性价值创造活动：构建第四价值中枢的提案（概要）》，日本经济产业省，2017 年 5 月。

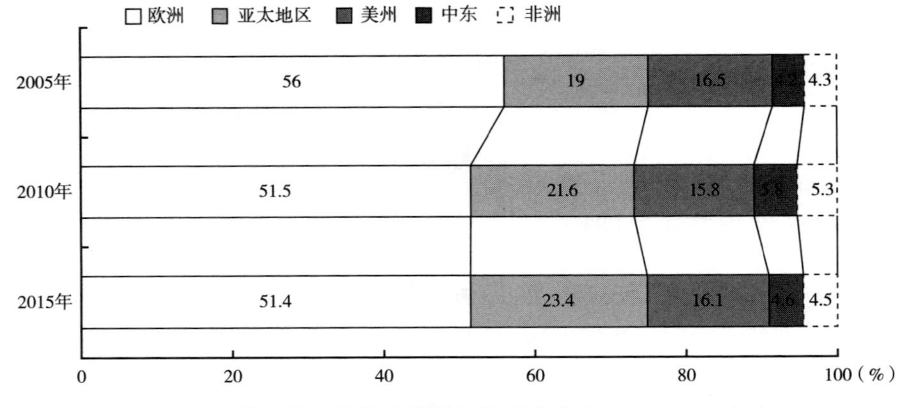

图 8-4 国际游客接纳人数地区比例分布（2005~2015 年）

资料来源：联合国世界旅游组织。

由于每个国家的计算方法和统计标准的不同，比较的标准可能存在一定的差异。但是，2014 年的外国入境游客排名前三的国家与前年一样，法国 8370 万人，美国 7502 万人，西班牙 6494 万人。日本从 2013 年的 1036 万人（亚洲第八）上升到 2014 年的 1341 万人（亚洲第七）（见图 8-5），入境人数和世界排名都呈上升的趋势。并且，2015 年旅日外国游客的数量，比去年增长了 47.2%，达到 1974 万人，入境人口数量排名亚洲第六，世界第十四。

（二）日本旅游的现状

1. 日本概况

日本全称日本国，位于太平洋西岸，是一个由东北向西南延伸的弧形岛国。西隔东海、黄海、朝鲜海峡、日本海，与中国、朝鲜、韩国和俄罗斯相望。领土由北海道、本州、四国、九州 4 个大岛和其他 6800 多个小岛屿组成，因此也被称为“千岛之国”。日本陆地面积约 37.79 万平方公里。日本国土狭小，资源贫乏，但是，日本的旅游资源丰富，旅游业非常发达，每年旅游业直接收入约为 25 兆日元，约占国内生产总值的 5%。1/7 的国土为自然公园，其中国立公园 278 个，国定公园（国家批准、地方管理）55 个，

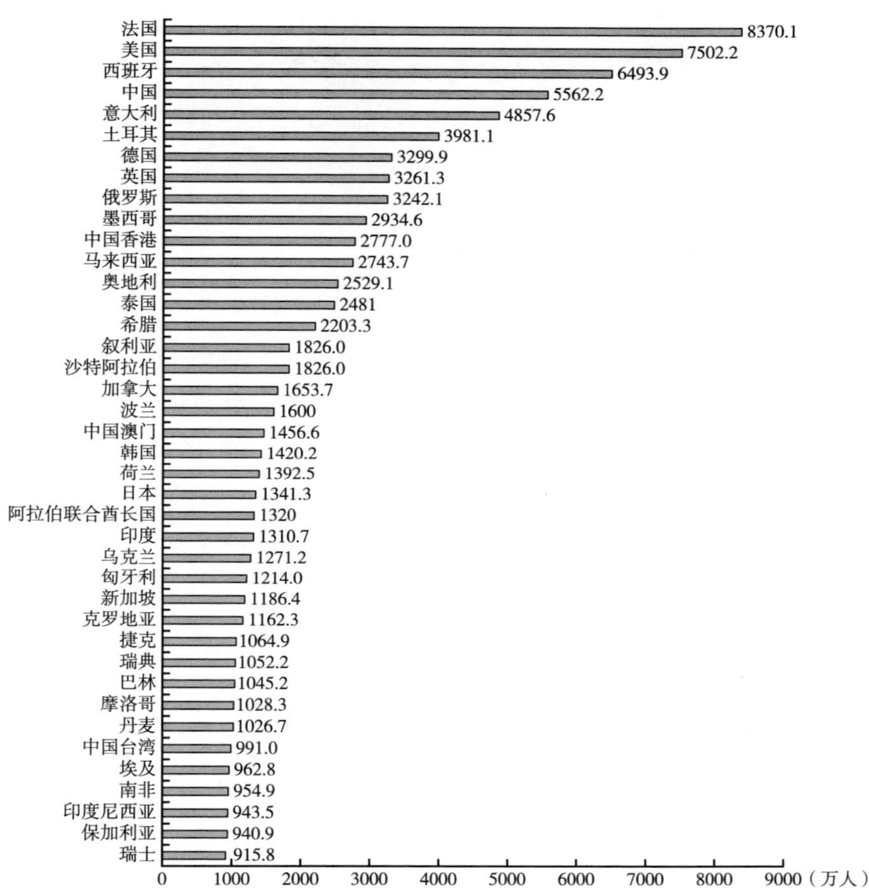

图 8-5　2014 年各国 / 地区旅游市场外国入境游客数量排名

资料来源：联合国世界旅游组织。

都道府县立自然公园 302 个。① 在北起北海道、南至冲绳岛的国土上，有着许多迷人的高山（火山）、丛林、湖泊和海滨，更有着遍布列岛的各种温泉，为旅游业的发展提供了优越的自然条件。同时，日本有着千年以上的民族文

① http：//sh.qihoo.com/pc/9438cfb0a9056aa90?sign=360_e39369d1；于萌：《日本旅游政策对我国旅游发展的促进及启示》，《旅游管理研究》2011 年第 16 期；http：//www.yoyohou.com/gonglue/369.html。

化传统，庙宇神社星罗棋布，城堡园林引人入胜，民间节庆热闹非凡，城市景观古今兼备。这就使得日本的旅游业如虎添翼，在“二战”后迅速发展起来，成为实力雄厚的“无烟工业”。旅游观光活动已经是日本人生活中必不可少的组成部分，也有越来越多的海外游客被吸引到日本来，一睹这个东方岛国的迷人风采。

2. 旅日游客的现状

近年来，访日的旅行人数在持续不断地增加（见图 8–6）。从 2012 年的 836 万人到 2015 年的 1974 万人，增加了近两倍的数量。日本政府的目标是在 2020 年度访日人数超过 2000 万人。同时，访日外国游客在日本国内的旅行消费额也在不断地增长。从 2012 年（平成 24 年）的 1 兆 846 亿日元到 2015 年（平成 27 年）约增加了两倍，达到了 3 兆 4771 亿日元。访日外国游客主要来自亚洲、北美洲和欧洲等。其中，访日的亚洲人数达到 1637 万人（占全体人数的 82.9%），东亚人数 1420 万人（占全体的 71.9%），东南亚国家联盟（六国）突破 200 万人（占全体的 10.5%），北美洲超过 120 万人，欧洲主要 3 国（英国、法国、德国）超过 60 万人（见图 8–7）。

3. 日本人海外旅游的现状

2015 年日本人进行海外旅游的数量为 1621 万人（比上年减少了 4.1%），连续三年呈下降的趋势（见图 8–8）。产生这样结果的原因主要有：①日元的不断贬值造成购买旅游目的地商品的金额不断增加，旅行成本不断地提高；②目前恐怖主义的威胁，使得地域风险增加，人民为了安全，会放弃一些海外旅行。

4. 日本人国内旅游的现状

作为亚洲经济最发达的国家之一，相对稳定的国家政治、优美的环境、便利的交通、丰富的旅游资源，以上这些要素都使得日本人经常进行国内旅游。2015 年，日本国民人均国内旅行次数达到 1.4 次，人均国内住宿观光旅游的住宿数量是 2.3 宿。

最近几年，日本的国内不断兴起一种叫作“圣地巡礼”的文化旅游形式。在日本圣地巡礼这样一类的文化旅游，被称为内容旅游。其定义是：利用影像作品引起读者和观众前往影像作品中的舞台进行旅游观光的行为

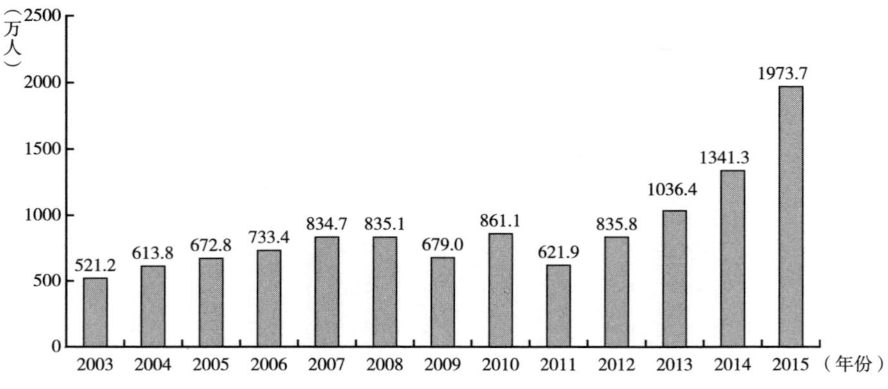

图 8–6　访日外国旅行者数的变迁

资料来源：联合国世界旅游组织。

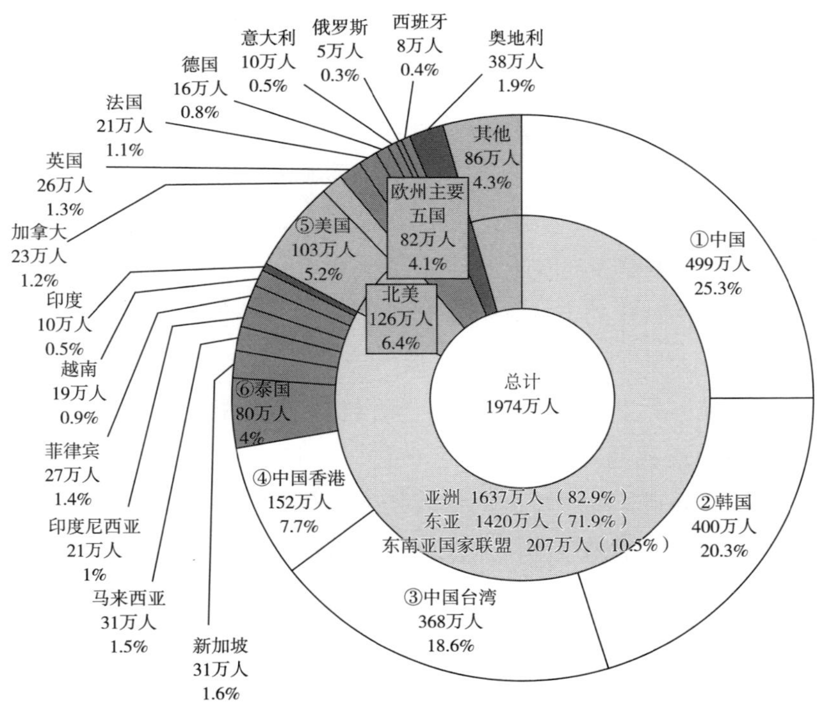

图 8–7　2015 年访日外国旅行者明细

资料来源：联合国世界旅游组织。

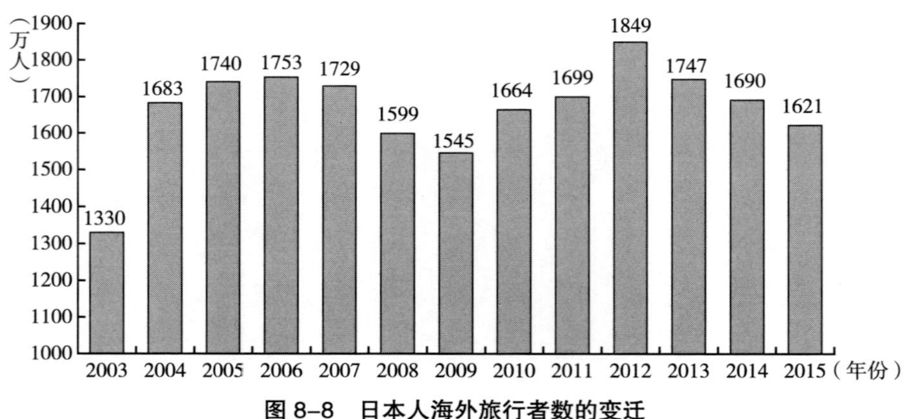

图 8–8　日本人海外旅行者数的变迁

资料来源：联合国世界旅游组织。

总称。其最早由日本政府在 2005 年发布的《电影等内容制作和运用对地方振兴的作用报告书》中提出，将电影、动画、电视剧等影像作品作为地方旅游振兴的方式，也归纳出可行方式和潜在问题，包含影视旅游（电影和电视剧引起的旅游行为）和圣地巡礼（动画引起的旅游行为）。以地方风景为背景，插入地方的文化习俗的影像作品，除了让影像作品更具有真实性，也丰富了其作品的文化内涵。这类影像作品不同于直白的旅游宣传片，而是以潜移默化的方式，介绍当地的文化。这种旅游方式具有以下几个特点：第一，强调游客的参与，旅游方式绝大部分为自由行或深度游；第二，受动漫作品推出的时间影响，动漫旅游依托的是动漫资源，动画热播期间和漫画连载期间会吸引旅客前往，一旦作品完结，旅客就会减少；第三，旅客群固定，动漫旅游的旅客绝大部分是动漫爱好者，而爱好者多为年轻人；第四，动漫旅游所依托的动漫资源本身是一种文化，动漫游戏产业发达的地区，动漫文化亦成为其文化的一部分，故动漫旅游也具有鲜明的文化特征。

（三）日本旅游产业的发展历程

日本旅游行业的起源最早可以追溯到明治维新时期，1893 日本最早的旅行社成立，称“喜宾会”，主要经营外国人在日本国内的观光旅游和夏季避暑。同时，位于长野县内的轻井泽，以其著名的火山温泉景观、古老神社和凉润温和的高原气候，成为日本最早开发的旅游胜地。但是，在“二战”结束前，日本的旅游产业发展缓慢，“二战”结束后，日本的现代旅游业开始起步并实现快速的发展。

可以大体将战后日本旅游产业的发展分成起步阶段（“二战”后到20世纪70年代前期）、快速发展阶段（20世纪70年代中期至80年代）、变革阶段（20世纪90年代至2000年）、稳定发展期（2000年至今）。

1. 起步阶段（“二战”后至20世纪70年代前期）

第二次世界大战后，日本国内经济凋敝，百废待兴，日本政府为了摆脱困境，积极制定各项措施大力发展经济，以求尽快摆脱战争带来的萧条局面。最终，1955年日本的人均实际GNP超过了战前的最高水准，从这一年开始到70年代日本经济进入了高速增长时期。先后出现了“神武景气”“岩户景气”“奥林匹克景气”“伊奘诺景气”，经济始终保持两位数高速增长，1968年日本的国民生产总值达到1428亿美元，一跃成为世界第二经济大国。经济的快速发展，直接促使国民收入不断提高，人们的生活方式和休闲方式也随之不断地改善，日本旅游业发展迅速，为了保障旅游业的健康发展，日本政府制定了许多法律措施来维护其发展。从20世纪50年代开始，日本政府颁布了《国际旅游振兴会法》（1959）等单项法，并且在1963年日本政府出台了其旅游领域的根本大法——《旅游基本法》，它不仅确定了发展旅游产业的宗旨，也在促进国际旅游事业方面、旅游设施的配备方面、旅游经营管理等方面都做出了详细规定。[①]1964年的秋天，举世瞩目的东京奥运会顺利召开，1970年3月，世界博览会在大阪举办。日本政府为了吸引更多的海外游客来日本旅游，1964年3月将日元加入国际货币的行列，成为自由兑换的货币，吸引了更多的海外游客。同年4月日本颁布“海外旅行自由化”政策，实现了海外来往的自由，使得海外旅游得到了快速发展，形成了一股出国旅游的潮流。现阶段的日本企业在改

① 张建民：《日本旅游产业发展研究》，博士学位论文，吉林大学，2012；陈蕙：《日本旅游业发展及特点研究》，硕士学位论文，华东师范大学，2009。

善职工福利的同时开始注意培育企业文化，加强与员工的沟通。为了培养员工的忠诚意识和团队的凝聚力，提高员工的劳动积极性，日本的大多数企业，每年都能为其正式员工和骨干员工组织 1~2 次的“慰安旅行”。与此同时，为推进青少年旅游活动的健康发展，政府投入不少资金，对地方财政进行补助，在全国各地修建完善了各类“青少年旅行村”“青少年旅馆”等来推动青少年的旅行，“修学旅行”继续成为这一时期日本旅游业的重要组成部分。

2. 快速发展阶段（20 世纪 70 年代中期至 80 年代）

日本经济从 70 年代起，开始进入一个稳定的增长的阶段，人民的收入维持在一个较高的水平，与旅游相关的政策法规也进一步完善，使得日本旅游业迎来了快速发展的阶段。在此时期，经济水平的进一步提高为旅游企业的发展提供了良好的环境，其竞争力不断提高的同时，由于国民收入水平的提高和闲暇时间的增加，人们的生活模式逐渐由过去的“学习—工作—退休”的直线型，转变成学习、工作、闲暇自由组合和自由选择的循环型或复线型，日本国内兴起的“体育旅游”和显示身份地位的“高尔夫旅游”也在成功的企业人士中掀起一阵旋风。这导致全国各地都在修建高尔夫球场，旅游业进入快速发展的时期。在交通设施方面，这一时期，日本的交通网不断完善，在铁路方面，在新建数条铁路的基础上，也对原有国营铁路和周边设施进行了改良和改造。1978 年 5 月，新东京成田国际机场投入营运。这个时期，日本为了鼓励居民海外旅游，化解与西方的经济矛盾与纠纷，1977 年 11 月，第一届“日本・国际观光会议”在东京召开。1978 年 7 月，日本加入世界旅游组织。1987 年制定“海外旅游倍增计划”，鼓励国民到海外旅游，确定要用五年时间实现海外旅游人数达到 1000 万人次的目标。在此时期，以 1983 年 4 月开业的东京迪斯尼乐园为代表，日本各地主题公园的建设也进行得如火如荼，吸引了大批的海内外游客。

3. 变革阶段（20 世纪 90 年代至 2000 年）

20 世纪 80 年代后期，由于《广场协议》的签订、东南亚经济的影响，加上日本的“泡沫经济”开始崩溃，日本经济进入一个持续萧条和低迷的时期，这段时间被称为“失去的十年”，经济的萎靡直接导致人民收入的降低，但是国内物价却居高不下，这使得一些日本人不得不放弃国内旅行，这为日本国内旅游业的发展带来沉重的打击。在此背景下，日本政府希望通过振兴旅游产业来达到增加经济活力、促进国内经济恢复的目的。日本政府先后实施了《节庆法》和《国际会议振兴法》，又颁布了“访日外国游客倍增计划”，即该方案的目标是2005年来日本的外国游客人数达到700万人次，后来又实施了《外国游客招揽法》，进一步强调发展入境旅游的重要性。同时，日本国内的各种各样的“休闲旅游”和“兴趣旅游”如雨后春笋般不断推出，日本的国内旅游活动的行为层次有了一个真正健康意义上的提升。1992年政府开始实施《以地域传统艺能活动带动观光旅游和地域工商业振兴的有关法律》，对地域传统文化的开发和保护进行扶持，取得了较大的成绩，直接表现为节庆、事件和较高层次的文化性旅游活动的比重年年增长。旅游行为开始与文化欣赏、宗教信仰和修身养性等融为一体，日本的国内旅游业开始进入一个比较成熟与健康的发展阶段。[①] 在出境游方面，1985年随着日元大幅升值，一方面日本民众出国旅游的意愿更为积极；另一方面，为缓和同欧美国家之间因巨额贸易顺差而导致的摩擦以及应对日元升值压力，日本政府也不遗余力地促进境外游的发展。在此背景下，日本政府制定了“海外旅游人数倍增计划”，并计划五年内实现日本出国旅游人数翻番，达到1000万人次。许多日本人选择进行海外旅游，当时的四大旅行社（JTB、近畿日本旅游、日本旅行、东急观光）的出境游营业额由0.5万亿日元增加到1.1万亿日元，平均每年增长13%。1990年就已经突破了1000万人次，此后海外游人数一直保持在1000万人次以上。海外旅游进入了一个新的阶段。20世纪90年代日本出入境游客人数详见表8–3。

① 薛芹:《日本现代旅游业的发展历程及发展方向》，硕士学位论文，苏州大学，2006。

表 8-3　20 世纪 90 年代日本出入境游客人数

单位：人

年份	出境游	入境游	年份	出境游	入境游
1990	10997431	3504470	1995	15298125	3732450
1991	10633777	3559529	1996	16694769	4244529
1992	11790699	3926347	1997	16802750	4669514
1993	11933620	3747157	1998	15806218	4556845
1994	13578934	3831367	1999	16357572	4901317

资料来源：法務省出入国在留管理庁，https://www.moj.go.jp/isa/policies/statistics/toukei_ichiran_nyukan.html。

4. 稳定发展期（2000 年至今）

进入 21 世纪后，日本政府开始采取多种措施，吸引更多的海外游客来日旅行，为此在 2002 年，日本当时的首相小泉纯一郎在其施政方针演说中提出“促进旅游”，以此为契机，政府将旅游定位为重要政策，为了实现访日海外游客数量翻番，政府放宽访日旅游签证的条件和免除签证，作为“欢迎来日旅游”的一环，强化开展对外宣传，推出了各种举措。同年，韩国和日本携手举办世界杯，受“日韩世界杯”的拉动，访日外国游客达到了 523.9 万人，增长了 9.8%，创造了多年来的最高水平。2003 年 1 月，小泉首相决定设置“观光立国恳谈会”，并提出“海外赴日游客翻番计划”。2003 年 4 月，小泉内阁召开观光立国相关阁僚会议，制定观光立国行动计划。2003 年 7 月，在日本内阁观光关系会议第二次会议上通过了“观光立国”战略，再次确立了大力发展入境旅游的方针，战略提出到 2010 年要实现访日外国游客人数超过 1000 万人次。为了确保观光立国战略的顺利实施，2006 年日本又颁布了《观光立国推进基本法》，表明日本发展入境旅游已经进入全新的阶段。通过以上措施的实施，日本政府希望旅游特别是海外游客到日本旅游能够成为日本摆脱自泡沫破灭以来长期经济低迷的困境，给予低迷的经济带来刺激。此后，由于受美国金融危机的影响和受日本地震的影响，个别年份的旅游人数有所减少，但是日本总体的旅游业呈现一个稳定发展的趋势。自 2000 年以来，国内旅游者数大都在 2100 万人至 2200 万人左右，出境游人数从 1995 年开始突破 1500 万人后，以后基本上每年都超过 1500 万人，变动幅度较小（见表 8-4）。

表 8-4　2001~2011 访日海外游客数量及出国日本游客数量的变动

单位：万人，%

年份	访日海外游客数量	与上年相比	出国日本游客数量	与上年相比
2001	477.2	0.3	1621.6	−9
2002	523.9	9.8	1652.3	1.9
2003	521.2	−0.5	1329.6	−19.5
2004	613.8	17.8	1683.1	26.6
2005	672.8	9.6	1740.4	3.4
2006	733.4	9	1753.5	0.8
2007	834.7	13.8	1729.5	−1.4
2008	835.1	0	1598.7	−7.6
2009	679.0	−18.7	1544.6	−3.4
2010	861.1	26.8	1663.7	7.7
2011	621.9	−27.8	1699.4	2.1

资料来源：日本政府观光局。

（四）日本旅游业发展的原因

1. 完善的旅游管理体制

日本的旅游产业得以快速发展的原因主要在于完善的运营体制，形成了以政府为主导，以行业协会为主要力量的完善的市场运营体制。在政府层次方面，主要表现在日本政府根据实际国情制定相应的旅游业发展战略；加强旅游法制建设；加大基础设施建设投入；加大对与发展旅游业密切相关的需要较大规模初始投资的项目和需要较长建设周期的项目的投资，如旅游教育、交通运输和城市建设等方面，使旅游业的发展能够获得整个社会的有力支撑。改变了过去单纯靠日本国际观光振兴会吸引外国游客的局面，并在美国、韩国、中国等重要的客源国市场展开了声势浩大的宣传攻势。此外，为吸引周边国家和地区市场的游客，日本政府还采取了一系列的措施。如将2005 年定为日韩互访年，将 2006 年定为中日友好观光年，促成首届中日韩三国旅游部部长会议在北海道举行，对中国台湾、韩国居民免签政策永久化，计划与韩国等邻邦联合成立“东亚旅游交流团”，等等。[①] 同时，日本

① 李燕军：《浅析日本旅游经济》，《现代日本经济》2008 年第 2 期。

与旅游相关的协会，如日本旅行业协会、日本旅游协会也积极开展相关业务。主要业务包括扩大旅行需要、发扬“旅之力”并培育人才、搜集与旅行业有关的信息、组织旅行业务的从事者参加进修、帮助清理有关债务、对旅行业者进行业务指导、为促进旅行业健康发展及旅行业的公正交易而开展调查研究和宣传活动、与国内外相关团体沟通和协调、向相关政府部门和相关机构提交有关建议。

2. 完整的旅游法规体系

日本的旅游业在起步的时候，日本制定了许多相应的法律法规，建立了较为完备的法律体系，为旅游业的顺利发展起到了保驾护航的作用。其旅游法律具有完整的体系，涉及面广，由基本法、专门法及相关法构成。如:《温泉法》(1948 年)、《文化财产保护法》(1950 年)、《森林法》和《博物馆法》(1951 年)、《城市公园法》(1956 年)、《自然公园法》(1957 年)。后来，日本政府制定了日本旅游行业的根本大法。这就是 1963 年制定的《旅游基本法》。它规定了日本旅游业发展的基本方针等重大原则。专门法针对旅游相关领域的行业范围、经营活动、行为准则等做出了严格的规定，相关法是从不同的角度对旅游业发展的相关领域做出规定。从整体到部分，从概念到具体，各项法律法规面面俱到。据不完全统计，到目前为止，日本的旅游法规及相关法共有 76 项之多。如环境保护中的《防止水质污染法》，交通环境中的《道路交通法》等。宽泛的旅游立法对调整旅游关系起到很大的作用。正是有完备而详细的旅游法规支撑，日本的旅游产业才得以快速、迅猛地发展。

3. 完善的旅游人才培养体制

推动旅游产业发展的核心是旅游人才，因此，日本特别注重对旅游专门人才的培养，并形成了完整的培养体系。首先，自 20 世纪 60 年代后期，以立教大学在社会学部设置观光学研究科并开展本科和研究生教育为标志，日本的观光人才培养模式实现了从专门学校和短期大学等注重实践的应用型教育到观光基础理论教育的巨大转变。[①] 后来，越来越多的公立大学和私立大学

① 金晓彤、樊茜:《日本国际观光业的发展路径及成效分析》,《现代日本经济》2018 年第 1 期。

也积极开设与旅游相关的课程，培养专门的旅游人才，陆续加入观光教育的行列中。2003 年，颁布制订的《观光立国计划》中，明确指出日本将努力发展旅游高等教育，加强对高素质、高水平的专门旅游人才的培养。在这一政策的影响下，以北海道大学为代表的国立大学也开始积极响应政府号召，纷纷设置专门的旅游观光学科，综合利用优势资源来大力发展观光教育，培养专门人才。同时，传统的老牌的私立旅游强校也不断进行改革，如立教大学将观光学研究科从社会学部中分离出来，成立了专门的观光学部，并将观光教育上升到博士研究的层面。大阪明净大学甚至更名为大阪观光大学，为日本第一所专门从事观光教育的大学。其次，日本的行政机关日本政府观光局也积极培养高素质的导游员，加强与国外交流，向国外派遣人员，学习外国先进的旅游发展经验。最后，民间团体与旅游企业也非常重视自身的人才培养。他们积极与大学合作，培养高素质的经营管理人才，如山口大学与住宿企业之间就展开合作，培养其接班人，帮助对其员工的培训。从以上的叙述，我们可以了解到日本在专业的旅游人才培养方面，已经形成了完整的教育体系，这一系列措施的采取极大地提高了日本旅游业的竞争力。

七　文化教育产业

文化教育行业既包括开展艺术文化教育的学校，也包括以小学生、初中生、高中生的升学为目的和以成人的提高能力以及水平为目的的民间教育企业。根据日本《学校教育法》第一条可知，日本学校教育包含范围广泛，包括小学、中学、高中、大学以及高职高专和幼儿园等一系列的学校，其中有公立学校和私立学校之分。除此之外，日本的以专科学校为主的专门学校和其他各种学校等都是文化教育行业的组成部分。

近年来日本人口少子化日益加剧，学生人数以及学校的数量在不断减少，民间教育企业的竞争也在不断加大。日本文部科学省 2018 年发布的最新数据显示，2017 年度日本学校基本调查中初中生总人数约 333 万人。高中学校总数 4907 所，其中国立 15 所、公立 3571 所、私立 1321 所，高中生总人数约 328 万人。大学总数 780 所，其中国立 86 所、公立 90 所、私立 604 所，大学生总人数约289万人。短期大学总共337所，其中公立17所、私立320所，短期大学总人数约12万人。专门大学总共2822所，其中国立9所、公立185所、私立2628所，专门大学总人数约59万人。针对学生的艺术文化教育，日本在小学、初中、高中便开设音乐美术鉴赏课程、讲座以及相关的社团活动等。除了一般大学中开设的音乐、美术、舞蹈、影像制作等艺术类专业以外，还有专门的艺术类大学31所，例如东京艺术大学、武藏野美术大学等都是有名的艺术类大学，是文化教育行业中的佼佼者。其中日本在大学等高等教育机构中不断普及艺术管理的学习，开展各种讲座，如在关东学院女子短期大学开展的“艺术信息论”讲座，在庆应大学文学部开展的“艺术管理”讲座等，扩大学生的文化教育范畴。据统计，日本高中毕业生的出路有三种：一是进入大学等学校，占到约55%的比例；二是进入专门学校，占到约16%；三是直接就业，占到约29%。日本的专门学校是为培养专门的技术型人才所设的，如日本文化服装学院的校长相原幸子所说：作为专门学校，我们肩负着其他类学校所不能肩负的责任，我们文化服装学院，在从制作服装到应用、流通、工艺等与时装相关的所有的领域中所秉承的独有的教育理念是我们值得骄傲的。专门学校中不断培养的高质量的人才也为文化市场增添了极大的活力。

此外，以小学生、初中生、高中生的升学为目的和以成人的提高能力以及水平为目的的民间教育企业也为日本文化教育行业注入了极大的活力。据日本人才培养和教育服务协议会（JAMOTE）2014年统计结果，日本提供教育服务的民间教育企业有10万多家。民间教育企业主要有面向成人的教养·技能教授企业①和面向小学生、中学生、高中生的补习班。据日本经济产业省发布的《2010年特定服务产业实态调查》可知，从事教养·技能教授业的企业数约8.8万所，85.9%是4人以下小规模企业，从业人员有大约28.6万人，生源有大约1050万人。从事补习班的企业数约4.9万所，59.5%是4人以下小规模企业，21.6%是5~9人规模的企业。从业人员有大约32.2万人，生源有大约341万人。同时，以主要的27家民间教育企业为对象进

① 教养·技能教授：根据日本标准产业分类是指音乐教授业、书法教授业、插花以及茶道教授业、算术教授业，外语会话教授业、运动及健康教授业及其他教养·技能教授业。

行调查的结果显示，2015~2016 年的教育行业的销售额总额为 9070 亿日元。其中销售额占比最高的是日本贝乐斯，其次依次是学研补习班、HUMAN、NAGASE、JP 控股公司等。 虽然人口少子化加剧，但是上补习班的学生的数量在持续微量增长中，特别是初升高补习班主要以中考为中心集聚了大量的人气。随着近年全球化的发展，英语学习的市场需求不断增加，以辅导托福考试、商务英语的教育企业受到大量关注。由于日本国内竞争的加剧，民间教育企业的倒闭、收购以及合作的速度也在不断加快，例如教育行业最有代表性的代代木研究会由于少子化和失学人数的减少，大幅度减少了补习班的数量，从全国 27 所补习班减少到 7 所。补习班中的大型企业四谷大谷公司也收购其他企业，与东京个别指导学院进行联合公司化，改变公司体制，顺应发展。

（一）文化教育行业的发展历程

1. 日本政府教育政策的指导

日本的教育是在国家政府的领导下生根发芽的，从产生以后经历过三次改革。第一次教育改革是在明治维新时期，引进和确立了近代的学校教育制度，义务教育制度作为该时期日本经济发展的必要而有力的支撑在日本得以基本普及。第二次教育改革是在第二次世界大战后，日本以美国的民主和法制为蓝本，建立了适合日本国家经济发展的民主教育体制。其间颁布了教育的相关法律。1945 年 9 月日本文部省颁布了《新日本建设教育方针》，其中关于社会教育方面，提出全面推展成人教育、家庭教育、劳工教育、图书馆和博物馆等社会教育的改革措施。1947 年颁布的《教育基本法》和 1949 年颁布的《社会教育法》都为战后日本社会教育的发展奠定了良好的基础，对日本普通民众“受教育的权利”提供了法律保障。1960 年日本政府提出《按照国民收入倍增计划制订长期教育计划的报告》。1963 年又提出《关于开发人的能力政策的咨询报告》，这对 60 年代中后期的教育规划产生了举足轻重的影响，其中的“产学合作”作为人力开发政策的指导原则，使日本对中等教育和高等教育进行了多样化的改革。整个 60 年代，日本大力提倡和普及以公民馆为中心设施、以城镇乡村为主要活动场所的社会教育。保证国民有受教育的“权利”和受教育的“机会均等”，符合了战后日本经济高速增长时期以“能力主义”为指导的特征，成为实现经济的快速增长目标的附庸。因此，这一时期的日本教育的确极大地促进了经济增长，但是同时也出现了很多危机。由于过度强调教育平等，形成了过分追求整齐划一的教育要求和僵化的教育制度，忽视了学生的革新发展和个性追求要求，与企业的雇佣制度和社会观念一起，形成了偏重学历、偏重理论知识的“学历社会”，注重考试，忽视学生的全面发展，导致家庭教育能力低下，社区教育弱化和“教育荒废”等一系列的教育问题。

进入 70 年代，日本实现了赶超性现代化之后，日益深刻认识到激烈的国际竞争越来越集中在高科技领域，对新型人才的培养关系到一个国家在新时代的生存。为适应社会的发展、国民教育需求的增长以及新的国际形势，日本便开始了第三次教育改革。文部省在 1971 年 7 月便成立了“教育改革推进本部”，但 70 年代的石油危机引发的降级危机使日本经济遭受了沉重的打击，第三次教育改革在 80 年代以后才正式开始。这次的改革有三个指导思想，其一是重视个性的原则，其二是终身学习体系过渡的原则，其三是适应时代变化的原则。1988 年，文部省的“社会教育局”改为“终身学习局”。1990 年日本文部省颁布《终身学习振兴法》，同时文部省成立“终身学习审议会”，发表了多份重要的资讯报告，具体内容包括学校教育、社会教育和家庭教育三个方面，指出教育改革体系中，学校不再是唯一的教育机构，而要建立一个由学校、家庭和社会融为一体的教育体系。便从三个方面着手，首先在学校教育领域中，开始在高中实行学分制取代传统高中的学年制；专修学校和各种补习班开始兴起；中小学向社会开放，音乐教室、图书馆、文化讲座等向社会开放，同时中小学也积极利用校外的文化设施如博物馆以及展览馆等开展文化教育；创办放送大学等艺术类大学，面向不同年龄以及职业者进行招生，同时也在各个大学开设艺术类专业，积极在全社会开展文化教育；开设公开讲座，据统计日本大学 2000 年共举办公开讲座约 13000 场。其次在社会教育领域中，实施青少年教育，社区设立青少年终身教育设施如青年之家、少年自然之家以及儿童文化中心，积极培养青少年在文化以及科学方面的兴趣；实施妇女教育和老人教育；发展图书馆教育等。最后在家庭教育领域中，实施提供面向父母的学习机会与信息、建立儿童教育支援网络等措施。使基础教育得以进一步充实和发展，高等教育增强开放性与大众化，社会教育、家庭教育得到更多的关注和支持，全民学习权进一步得以保障。[①] 20 世纪 80 年代至 90 年代，在“教育改革推进大纲”的基础上，继续研究向终身学习体系过渡。进入 21 世纪，日本内阁成立了一个首相私人的教育咨询机构“教育改革国民会议”，并和文部科学省一起提出修改《教育基本法》的基本意见。同时为培养学生的个性，减少学生的学习负担，让学生有更多时间去培养个性，增强创新能力，日本政府规定“学校每周只能上五天课”和“对教科书内容的减少”，正式开始“减负教育”。

政府从经济、政治以及文化三个角度对教育改革进行渗透，贯彻以终身教育理念为中心的思想，使 21 世纪日本教育更上一层楼，塑造了解多文化专技能的创新型人才，为日本的国际化发展增光夺彩。

2. 民间教育企业的兴起

20 世纪 90 年代，日本经济高速增长，人们在经济得到满足后便开始追求精神上的需求，即文化需求。伴随着日本第三次教育改革各方面的深入，民间教育企业不断大量产生，90 年代初期，在东京新宿开办了“朝日文化中心”，最初只有 140 场讲座、240 个班组、9700 名听讲者，到 1995 年，讲座已增加到 640 场，班组增加到 3000 个，听讲人数达到 8.2 万人，此时根据日本报刊估计，1990~1995 年国民用于文化娱乐的开支每年平均增长 14.2%，是所有消费支出中增长最快的项目，1995 年每个家庭的文化娱乐开支已经达到 39.7%，这吸引着日本的企业开始向文化设施以及文化教育等满足人精神的投资方向转变，不断开发文化产业新商品。同时，由于日本教育中升学考试可谓是“考试战场”，促使了学校以外的补习班的产生，此时顺势而生的则有“七、五、三教育”的代代木研究会，校长把先行的正规教育说成“七、五、三教育”，意思是 70% 的小学生、50% 的中学生、30% 的高中生消化不了学校内容，使得每年都有大批学生留级退学，催生了补习机构。此时代代木研究会已经有 5 个分校，使用电子化教学设

① 杨瑾:《20 世纪 60 年代以来的日本终身教育政策研究》，硕士学位论文，云南师范大学，2006。

备，用电子通信网将全国各地的教育设施连接起来，贩卖讲义。[①] 进入21世纪，政府实行的“减负教育”开始招致各种问题，学生学习能力整体下降，使得国民对于公立学校产生不安不信感，于是日本私立学校开始大量出现。在信息革命和人口少子化之下，获得生源成为私立学校和补习班的共同目标，同时，为共同面对公立学校，私立学校开始和补习班进行一系列的合作，例如私立学校为提高本校学生的升学率，介绍学生到合作的补习班进行补习，补习班培养了学生、提高了私立学校的升学率从而提高声誉，这使得补习班和私立学校获得双赢。民间教育企业也利用电视、广告等媒体进行宣传，提高自我声誉，这使得其得以在激烈的竞争中持续发展。

3. 政府与民间教育企业的关系

民间教育企业出现之后，20世纪80年代政府对民间教育机构是持“扑灭论”的，之后伴随国民精神需求的增加，政府开始无视。在日本一度出现过民间教育企业在公立的学校内部办学教学的事件，即在东京和田中学民间教育企业在晚上利用学校的教室进行教学，这成为当时日本国内的一大话题，虽然当时东京教育委员会负责人不同意此举，但是最高领导同意了，便拉开了民间教育企业可以办学教学的热潮，并且在贫困家庭较多的地区，政府还给学生补助补课费用，民间教育企业开始得到政府的放任发展许可，以至于21世纪之后，由于“公”教育的缩小，民间教育企业的“私”教育不断得到认可和扩大，公立、私立以及民间机构同时发展，共促日本文化教育行业繁荣，成为日本文化产业中的重要组成部分。

（二）文化教育行业存在的问题

1. 个性缺失

近年来，日本一直持续的少子化带来了很多问题。对于朝阳产业的文化教育行业来说，招收人数虽然在增加但是生源总数在不断减少，竞争是朝着越来越大的方向发展的，这不禁引起行业内各种争夺。以各种补习班为例，在这种情况下，规模大的补习班争夺规模小的补习班的市场，中小规模补习

① 郝智:《日本的“文化教育产业”》,《人才开发》1996年第5期。

班的市场不断减小以至于倒闭破产。这使得补习班的总数在减少，补习班不再给人一种以学生为中心密布于一定区域的印象，而是停留在宣传单和粘贴于各种高楼外壁上的海报上了。同时，规模小的补习班中富有个性的教师能够进行多样化的教育，而取代这些中小规模补习班的大规模补习班采用统一的教育计划和方法，个性在一定程度上缺失。

2. 形式单一

日本学校教育中的文化艺术教育，根据日本文部科学省在中央教育审议会初等中等教育分科会的结论可以看出，小学和初中阶段，为了培养学生的表现和鉴赏能力，举办的活动着重偏向歌唱活动，对于表现的其他形式以及对学生的鉴赏能力的培养还有待补充和完善。对于高等教育中对学生的艺术管理能力的培养局限于讲座教育的形式，目前学生也在大力呼吁，应该把在一些文化设施进行实地进修作为课程的一部分，同时在一些文化团体和文化活动中进行的志愿者活动也能认定为学分。他们也呼吁学校多开展校外实践等活动，既丰富课堂内容也能更加深入地了解艺术文化的真正内涵。

3. 政策产物

日本的文化教育行业，最开始就是围绕着政策而产生的，可以说是政策的产物。学校教育、社会教育以及家庭教育中的文化教育都在政府教育改革中应运而生，国家对艺术文化的投入也是支撑教育行业发展的关键因素。特别是进入 21 世纪之后，“减负教育”的大范围实施，减少了学生的上课天数和学习内容，民间教育企业可以在周末或者晚上进行校外教育，政府对其采取的放任发展的态度无疑是促进了其发展的，但是近些年也有一些人指出民间教育企业给家长带来了极大的经济负担以及树立了只崇尚分数的学习观等问题。政府应该调整教育政策，改入学考试制度为中等教育毕业资格认定考试，尽量去除“考试战场”的硝烟，实行小学、初中、高中免学费政策等，这对民间教育企业的冲击可谓是极大的，所以文化教育行业过分依赖政策的空洞，没有形成自身的竞争力，这也是普遍存在的问题。

文化教育行业无论在哪个国家都是朝阳行业，这与人们日益增长的文化需求是息息相关的，日本的文化教育行业至今发展是十分繁荣的，不仅为日本文化产业培养了大批的文化艺术人才，自身作为文化产业的重要组成部分也发挥了很大的作用，虽然存在很多亟待解决的问题，但是日本的文化教育行业在政府的有效指导和自身的努力之下，不断顺应时代的发展进行自我发展的态势让人拭目以待。

八　博物馆

（一）日本博物馆的发展历程

1. 草创期

日本的博物馆最早是从 19 世纪明治维新时期设立的博览会演变过来的。明治政府的官员对欧洲进行访问后，他们认为博览会是启发民智不可或缺的重要组成部分。作为这种政策推行的一种结果，近代意义的博物馆开始在日本国土上出现。1873 年日本政府为了参加在奥地利维也纳举办的万国博览会，在全国范围内搜集实物产品，那些选上来的却没有被送去展览的物品被留了下来，作为展品被永久地公开展览。这被认为是日本博物馆诞生的标志。这个博物馆叫作文部省博物馆，归文部省管理。第二年，这个博物馆和太政官所辖的博览会事务局合并，归内务省管辖。后来，根据明治政府政策的变迁，1881 年最终变成宫内省管辖，改名为帝室博物馆。后来，文部科学省为了巩固学校教育的基础，推进教育的近代化，希望设立一个使用实物研究的教育设施。在 1875 年设立了教育博物馆，教育博物馆的设立对日本近代教育体系的完善起到了巨大的作用。

经过一系列的变迁，在日本博物馆的草创期，出现了两种类型的博物馆。一种是与殖产兴业政策息息相关的文部科学省博物馆，也就是现代的东京国立博物馆的前身。另一种是作为学校教育设施的教育博物馆，是现代的国立科学博物馆的前身。此后，日本的博物馆事业不断发展，京都、奈良开始兴建帝室博物馆，各地也建立许多宝物博物馆，但是 1923 年关东大地震使教育博物馆的资料全部丢失，对正在发展的日本博物馆产生了一定影响。后来由于“二战”的影响，日本博物馆的发展处于一个停滞的状态。

2. 恢复期

“二战”后，日本的博物馆事业开始恢复，各地的帝室博物馆都变成了国立博物馆。此后，以国立博物馆为中心，设立了美术、自然科学、历史、动物、水族、植物等领域的博物馆。[①] 1951 年，日本制定了《博物馆法》，作为支持日本博物馆政策的基本法律，在展示博物馆应有姿态的同时，也承担起博物馆振兴的职责。此法规定，博物馆是搜集、保管和展出有关历史、艺术、民俗、产业、自然科学等资料，从教育角度出发，供一般市民公众利用，为有助于提高其文化素养，供其调查研究、休息娱乐等而举办必要活动，并以对这些资料进行调查研究为目的的机构。它还明确规定博物馆的条件：第一，有实现博物馆目标所必需的资料；第二，有实现博物馆目标所必需的学艺员及其他职员；第三，具有为完成博物馆规定之目标所必需的建筑物和土地；第四，一年之中开馆 150 天以上。[②]《博物馆法》制定时，日本博物馆数量仅近 300 所。博物馆主要有公立博物馆和私立博物馆。

3. 高速发展期

20 世纪 70~90 年代，日本经济高速增长，社会发展良好稳定，日本的博物馆数量呈现井喷式增长。1980~1997 年迎来了新馆开放的高峰，每年新开馆 50~70 家。各级都市厅政府、乡村乃至民间团体均在兴建博物馆，它们各具特色，相互竞争。此时的博物馆中近 3/4 属人文学领域，如历史、艺术和当地历史。人文博物馆内展品大都是纸制品和木制品。此时，日本的博物馆总数已接近 2700 所。日本博物馆高速发展期平均每年新增加的数量见表 8–5。

表 8–5　高速发展期分段计算博物馆平均每年新开馆数

单位：个

年份区间	平均每年开馆数
1965~1974	21.8
1975~1984	49.5
1985~1988	53.2

① 半田昌之、邵晨卉：《日本博物馆的现状与课题》，《东南文化》2017 年第 3 期。

② 任宏妮：《中日两国博物馆机构设置之比较》，《史前研究》2002 年第 00 期。

续表

年份区间	平均每年开馆数
1989~1992	67.5
1993~1997	67.6
1998~2002	51

资料来源：「令和元年度日本の博物館総合調査報告書」日本博物館協会、2020 年 9 月。

4. 成熟期

此后，日本的博物馆数量逐年稳步增长，但是由于泡沫经济的崩溃，给日本经济带来了巨大的打击。日本的中央政府和地方政府陷入严重的财政危机，一些公司和个人也背负了巨大的财政包袱，日本博物馆的发展受到了巨大的冲击。总体来看，日本博物馆的数量呈波动上升趋势（见图 8–9）。

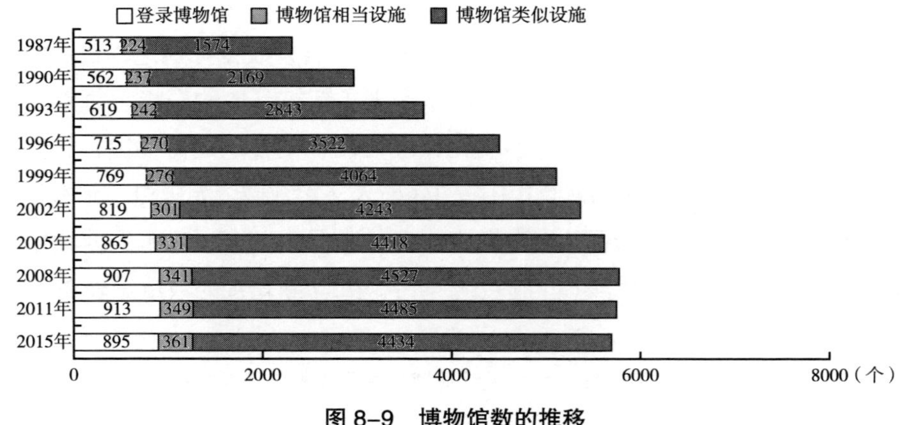

图 8–9　博物馆数的推移

资料来源：文化厅，https://www.bunka.go.jp/seisaku/bijutsukan_hakubutsukan/shinko/suii/。

（二）日本博物馆的现状

1. 日本博物馆的种类

日本博物馆的具体数量是很难衡量的，因为博物馆的种类根据不同的划分标准可以分为不同的类型。如果从大类别划分日本的博物馆，可以划分为人文博物馆和自然博物馆两个大类。同时，根据日本的《社会教育统计》的划分标准，日本的博物馆可以划分为：综合博物馆、历史博物馆、美术博物馆、科学博物馆、动物园、植物园、动植物园、水族馆、野外博物馆九个类型。再者，根据日本博物馆协会的分类可划分为：综合博物馆、乡土博物馆、美术博物馆、历史博物馆、自然史博物馆、理工博物馆、动物园、水族馆、植物园、动水植博物馆十个类别。在日本的法律上，日本的博物馆还可以划分为：登录博物馆、博物馆相当设施、博物馆类似设施三种（见图 8-9）（数据来源:《博物馆研究》，2013 年度博物馆园数）。

根据日本文部科学省的调查，日本目前共有 5690 座博物馆。其中综合博物馆 450 座、科学博物馆 449 座、历史博物馆 3302 座、美术博物馆 1064 座、野外博物馆 109 座、动物园 94 座、植物园 117 座、动植物园 21 座、水族馆 84 座（见图 8-10）。博物馆的建立者有国家、都道府县及市町村、独立行政法人、民间企业、宗教法人、个人等。①

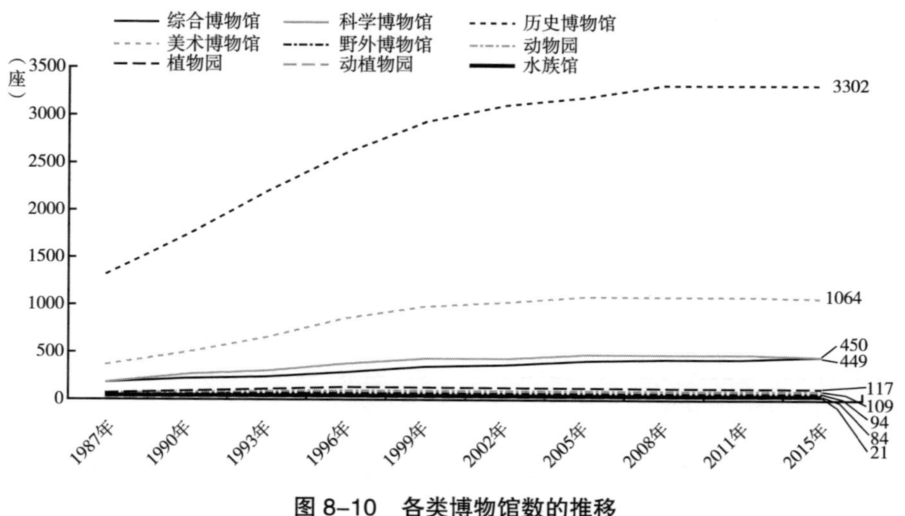

图 8-10　各类博物馆数的推移

资料来源：文化厅，https://www.bunka.go.jp/seisaku/bijutsukan_hakubutsukan/shinko/suii/。

① http：//www.mext.go.jp/a_menu/01_l/08052911/1313126.htm.

2. 博物馆参观者人数

博物馆作为重要的文化普及场所，经常吸引人前来参观。文部科学省社会教育调查显示，2014 年全年的博物馆入馆人数达 2.7991 亿人。日本的总人口为 1.2 亿人，平均算下来，一个人一年至少去两次博物馆。从表 8-6 的入馆人数看，我们可以发现日本人平常最喜欢去的博物馆是历史博物馆。这是因为：历史博物馆的数量所占比重大，日本历史博物馆总量为 3302 座，占到日本博物馆总数的 58% 左右。另外，总体数量较少的水族馆和动植物园的平均每馆入馆人数却相当多（见表 8-7）。这主要是因为：随着城市化和生活节奏的不断加快，许多人平常都处在一个高压的状态之下，渴望寻找一个场所来缓解压力。因此，作为旅游观赏场所的水族馆和动植物园发展迅速，越来越多的人走进这些场所，寻找心灵的安慰和寄托。

表 8-6　日本各类博物馆 2014 年入馆人数排名

单位：人

排名	博物馆类别	入馆人数
1	历史博物馆	78294000
2	美术博物馆	54614000
3	科学博物馆	35611000
4	动物园	34679000
5	水族馆	32615000
6	综合博物馆	19692000
7	植物园	12476000
8	野外博物馆	6104000
9	动植物园	5825000

资料来源：文部科学省社会教育调查数据。

表 8-7　日本各类博物馆 2014 年平均每馆入馆人数排名

单位：人

排名	博物馆类别	平均每馆入馆人数
1	水族馆	388000
2	动物园	369000

续表

排名	博物馆类别	平均每馆入馆人数（人）
3	动植物园	277000
4	植物园	10700
5	科学博物馆	79000
6	野外博物馆	56000
7	美术博物馆	52000
8	综合博物馆	44000
9	历史博物馆	24000

资料来源：文部科学省社会教育调查数据。

3. 日本博物馆的运营状况及人员配置

日本博物馆的机构设置主要由以下三部分构成：管理人员（馆长、副馆长）、核心技术人员（学艺员）、事务员（办公室工作人员）。馆长，负责掌管馆务，监督馆内职员完成博物馆任务等。“学艺员”制度是日本博物馆的一个重要制度，1951 年日本《博物馆法》颁布时对“学艺员”的定义为：“从事博物馆资料的收集、保管、展示及调查研究等相关专业事项的研究人员。”除馆长和学艺员外，还设置办公室工作人员，处理日常的办公事务，同时辅助学艺员进行调研工作。此外，由于经济的不景气加上越来越少的人愿意从事博物馆工作，近年来日本七成以上的博物馆都开始使用兼职人员，而近五成的博物馆经常雇用临时雇员开展工作。此外，为了提高服务质量和节约经费，日本政府开始鼓励民间资本参与到博物馆的运营之中。根据 2003 年对地方自治法的修正令，公立博物馆的管理向民间组织开放，2006 年推出的《公共服务改革法》，使得国立博物馆也开始向民间组织开放。这一系列的改革导致目前越来越多的国立和公立博物馆，开始了管理委托制度下的“公设民营”式的经营。

同时，日本博物馆的资金来源主要有以下三个途径。一是国家年度计划拨款，二是参观券（门票）收入，三是社会捐助。国家拨款能够维持博物馆全年正常经费开支，门票和捐助收入则是辅助社会活动的资金来源。如果遇有大的展览活动，其经费主要靠社会财团资助和门票收入。日本博物馆的门票价格从展览形式上区分为经常性展览和特殊性展览两种，特殊展览的门票价格为一般展览门票价格的许多倍，通常定价为1200日元。[①]

4. 日本博物馆的主要工作内容

根据1951年日本发布的《博物馆法》对博物馆的定义是“搜集、保管和展出有关历史、艺术、民俗、产业、自然科学等资料，从教育角度出发，供一般市民公众利用，为有助于提高其文化素养，供其调查研究、休息娱乐等而举办必要活动，并以对这些资料进行调查研究为目的的机构”。因此，日本的博物馆在日常主要开展以下的工作。

①大量地收集、保管、展示实物、标本、模型、图片、文件等博物馆资料。同时，为了更好地展示所藏资料，要设立分管，而且为了使一般民众更好地参观，应该进行相应的讲解和指导。

②举办特展。日本博物馆的特展具有其鲜明的、独有的特点，那就是博物馆与新闻媒体合作共同举办。日本的特展经常与报社和NHK等媒体进行合作，一方面媒体会提供部分的资金，另一方面，这样会通过媒体的宣传，提高展览的知名度，吸引更多的观众。

③开展教育普及活动。随着日本少子化情况的加剧，培养下一代成为重要的任务，因此，从2004年开始，日本的文部科学省开始实施“创造儿童新居所计划”，充分发挥博物馆作为教育普及机构的作用，同时加强与地区政府、学校、家庭、PTA（Parent-Teacher Association）的联系，通过开展讲座、演讲、参观学习、体验学习、派专业的博物馆人员到学校讲课等多种形式，来发挥博物馆对孩子的文化活动和文化传播的支援作用。同时，根据地区人民的要求提出具体的教育普及计划和实施方案。通过广告、刊物的宣传，加强地区各个阶级的联系，促进人民的终身学习。

④调查、研究、收集、保管本地区有关自然、考古、历史、民俗的实物资料和文字资料。分析本地区各个历史时期的特点，提出保护的方案，必要时进行模型复制。发表最新调查资料和研究成果。[②]

⑤开展娱乐活动。

---

① 常宁洲:《谈谈日本的博物馆》,《文博》1994年第3期。

② 中村浩、青木丰:《作为旅游资源的博物馆》，芙蓉书房出版社，2016。

（三）日本博物馆的困境

1. ICT 的利用难题

根据日本博物馆协会实施的“2013 年度日本博物馆综合调查”数据表明：超过 80% 的日本博物馆表示自身对以 ICT（情报通信技术）为首的新的展示方法利用不足。ICT 主要包括：馆藏资料和资料目录的电子化、利用网站进行宣传、利用 SNS 等社交软件进行彼此意见的反馈等。在被调查的总共 2258 家博物馆中，有 1828 家表示对 ICT 利用不足。根据博物馆自身存在问题的调查项目“资料和电子资料的数字化程度”，有 76.5% 的博物馆进行了数字化建设，这说明目前日本博物馆数字化程度还不是很高。

2. 财政严峻的问题

同样根据“2013 年度日本博物馆综合调查”数据表明：超过 80% 的日本博物馆表示自身面临着严峻的财政危机。在 2013 年度被调查的博物馆运营所必要的年预算的增减情况显示，预算增加馆（25.4%）、预算减少馆（26.6%）以及预算无变化馆（28.7%）比例大致相同。但是，在 2014 年对资料购买没有预算的博物馆的总量超过了 52.7%，资料购买费不足 100 万日元的博物馆达到了八成以上。同时，一些国立和公立的博物馆每年也被强行削减预算，日本博物馆目前处在一个严重的财政危机之中。

3. 硬件设施问题

首先，由于许多博物馆建馆较早，硬件设施老化成为一个严重的问题。在被调查的博物馆之中，没有配备空调的馆的数量占到 33.6%。在防护设施方面，虽然超过九成的馆具有自动报警防火功能，但是配备防地震设施的馆只占到 9%。同时，针对残疾人和高龄人员、儿童的相关设施也相当滞后，非常不完备。而且，作为保管藏品重要设施的库房也面临严重问题。在回答库房调查问题的博物馆中，库房“基本满库状态”（27.4%）和“藏品放不下”（19.1%）两者相加为全体的近半数，可以看出博物馆整体都面临库房空间不足这一共同的问题。

4. 人员配置问题

由于面临着严重的财政危机，日本博物馆的日常在编工作人员的数量不断减少。常备博物馆讲解人员的博物馆数量只占总数的25%左右，同时几乎没有博物馆配置运营方面的职员，经常是非专业的人员进行运营管理。而且充当博物馆事业核心的学艺员，近年来总数虽然有所上升，但更多的是非在编人员，由于对学艺员的专业性要求较高，要求学艺员自身具备专业的知识储备，非在编人员往往不具备这些能力，这对博物馆资料的保管可能会产生负面的影响。

5. 国家政策支持力度不够

被调查的博物馆，普遍认为政府和地方公共团体对博物馆的振兴支援力度不够，相关政策定位不够明确，没有从不同馆种的实际出发，制定符合不同博物馆自身发展需要的政策。同时，市民和行政机关对博物馆的理解和支援程度较低。

（四）日本博物馆的改革

如上所述，目前日本博物馆面临着许多困难，但是为了充分发挥博物馆文化传承、教育普及等的重要作用，日本的博物馆各界也进行了各种改革，来改变目前面临的困难。

1. 实施“对话和合作”项目

从2000年开始，日本博物馆协会实施了“对话和合作”新的运营方针，新的运营方针强调了博物馆要加强与外部的对话和合作。主要做法是：博物馆之间要加强联系，博物馆要与地方政府、学校、公共团体加强交往、沟通，切实发挥其社会功能。与市民一起，满足市民终身学习的愿望，创造博物馆新的功能。同时，馆与馆之间的交流，有利于信息共享、资源利用的最大化。

2. 社会加大对博物馆的财政支持

当前，日本博物馆面临的许多困难主要是财政恶化造成的。因此，为了改善这种局面，日本社会都在支援博物馆事业。政府在2016年度日本财政文化厅的预算之中，通过对博物馆的财政支出加大比例，来支持博物馆事业建设。同时，日本的企业和 NPO 组织也积极投入博物馆事业之中，加大对博物馆建设的资金支持。

3. 完善硬件设施

为了吸引不同年龄段的人群来博物馆参观，日本的博物馆目前在不断地完善基础设施，如增加残疾人使用的无障碍设施，给予老年人配备耳机，提供儿童座椅，等等。同时，为了增强博物馆抗击灾害的能力，博物馆的危机管理应急设施也在不断完善，40% 以上的博物馆配备了应对包括地震等大规模灾害的应急设施，同时制作了防灾指南手册。

4. 发展作为观光资源的博物馆

目前，日本在大力实施文化立国和旅游立国的战略，必须发挥博物馆作为重要旅游资源的作用。在 2015 年的《实现观光立国项目》之中，就明确指出要活用博物馆的价值，吸引更多的海内外人员前来参观，一方面借此宣传日本的文化、艺术、民俗，另一方面，借着发展旅游业的契机，带动地区其他产业的发展，推动地区振兴。

5. 充分发挥志愿者的作用

目前，为了减少博物馆的运营成本，许多的博物馆削减了正式的工作人员，充分发挥志愿者的作用变得至关重要。目前超过 38% 的博物馆接受志愿者。按馆类别看，接受志愿者较多的是植物园（60%）、动物园（55.8%）、综合博物馆（53.2%），这些类别中都有半数以上的馆接受志愿者。从设置者类别看，“都道府县立”博物馆接受志愿者的比例明显更大，占 65.5%。另外，关于志愿者承担的业务，在以往的调查中，多是辅助学艺员的业务，诸如整理资料等。但现在已显现出的趋势是，转向与入馆者服务有关的提供导览、展览解说等业务。此外，更积极地让志愿者参与到博物馆的运营或与事业相关的展示企划、准备工作等的比例也有增加的趋势。①

（五）结语

日本的博物馆目前由于经济的压力，面临着财政、人员、预算等一系列

① 半田昌之、邵晨卉:《日本博物馆的现状与课题》,《东南文化》2017 年第 3 期。

的问题。因此，为了更好地发挥博物馆作为重要的提供公共文化的场所的作用，必须进行自身的改革，如开展更贴近使用者需求的活动，或者进一步完善无障碍设施、通用设计，推动多语言化以满足海外利用者，发挥观光资源的作用、对地方振兴做出贡献等。

（六）附录

附上日本主要的几个博物馆和美术馆的概况，如东京国立博物馆、国立科学博物馆、东京美术馆（见表 8–8）。

表 8–8　日本主要的博物馆和美术馆

名称	介绍	网站
东京国立博物馆	东京国立博物馆于 1999 年开放，位于东京台东区上野公园北端。内有本馆、东洋馆、表庆馆及法隆寺宝物馆 4 个展馆共 43 个展厅，陈列面积 1.4 万余平方米，约有 11 万件收藏品，其中国宝 87 件，重要文物 634 件，以及一些受委托保管的文物。博物馆的主体建筑由象征日本历史的建筑物构成，历来被称为“美术馆建筑与博物馆建筑的博物馆”	http://www.tnm.jp
京都国立博物馆	京都国立博物馆位于日本京都府，在这里珍藏着流传至今的与千年古都共呼吸的国宝，是世界公认的“宝物殿”。占地 102623 平方米，是日本明治中叶时期建造的法式文艺复兴风格的博物馆。明治初年，在欧化主义和“排佛弃释”的浪潮中，轻视、破坏文物之风盛行。为了保护那些神社和寺庙中的文物免遭破坏，1889 年，当时的宫内省决定在京都设立博物馆，于 1897 年建成开放。 目前，该馆有馆藏品、寄存品共约 14000 件（2016 年统计），涵盖陶瓷、考古、绘画、雕塑、墨迹、染织工艺、金属工艺、漆器工艺等各个领域。在平成知新馆，除了轮番展出精选名品以外，每年还会举办两次特别展	https://www.kyohaku.go.jp

续表

名称	介绍	网站
奈良国立博物馆	奈良国立博物馆在 1895 年开馆，是一座以展出佛教艺术品为特色的博物馆。以 1894 年完工的本馆（重要文化遗产）和 1972 年完工的新馆为中心，在其他寺院、神社的协助下，把这里作为保存全国文化财产的主地，并可在这里从事调查、研究。通过公开展示，日本佛教文化普及工作取得了许多成果。 除了收集、保管以及研究与博物馆相关的工作之外，还承接演讲、出版会等相关工作。其主体结构分为本馆（主展览馆）、本馆附属馆、东新馆、西新馆以及地下回廊。其中本馆是根据宫廷建筑师片山东熊于 1894 年（明治 27 年）设计的赤坂离宫为蓝本建造的。馆内除了展出一般的艺术品之外，还常为奈良县各个寺院托管珍贵物品。每年秋天，还会定期举办“正仓院展”	https://www.narahaku.go.jp/
九州国立博物馆	九州国立博物馆是一座历史博物馆，位于福冈县太宰府市石坂，于 2005 年 10 月 16 日开馆。截至 2020 年 3 月 31 日，馆藏藏品总数为 1279 件，其中包含国宝 4 件、重要文化遗产 42 件。另有寄存藏品 1300 件，其中包含国宝 2 件、重要文化遗产 12 件。2019 年常规展览数量为 1641 个，展览总数为 1894 个。同年参观人数约 67 万人，常规展览参观人数约 35 万人。 九州国立博物馆的主题为“从亚洲历史的观点看日本文化的形成”。基于这样一个基本概念，主要通过在与亚洲各地进行交流中形成的观点，来展示由旧石器时代至近代末期的日本文化的形成。陈列着见证日本自古以来频繁与亚洲各地交流的历史的当地出土展示品。游客可以选择感兴趣的时代和区域自由参观	https://www.kyuhaku.jp/
阪神淡路大地震纪念馆	1995 年 1 月 17 日发生的阪神大地震前所未有地冲击了日本原有的地震防灾体系。据统计，共有 6434 人在这次地震中死亡，受伤者近 4.4 万名，约 65 万座建筑物受损，经济损失达 10 万亿日元（约合 858 亿美元），这是日本在第二次世界大战后遭遇的最大的一场灾难。为了纪念这场灾难，2002 年日本在神户市中央区建成了阪神淡路大地震纪念馆、可以抵御 10 级地震的大型建筑“人和防灾未来中心”及神户港震灾纪念公园。 博物馆以大屏幕影院为主，播放关于地震时的纪录片，展现大量地震后重建的资料，还有地震防灾的各种互动游戏	https://www.dri.ne.jp/

续表

名称	介绍	网站
东京都美术馆	东京都美术馆自1926年（大正15年）正式开馆以来，已经多次作为日本美术院等多家美术团体的公募展的展馆而为民众所熟知。美术馆还和新闻媒体等一起联合举办各类企划展和普及美术的讲演会。馆内还建了专业美术图书室以及商店和餐馆。一方面开展馆地作为油画、日本画、雕塑、工艺、书法等美术团体的公募展会场的租赁业务，另一方面与报社等合作举办展览会，开展自主业务	http://www.tobikan.jp/
国立西洋美术馆	国立西洋美术馆是作为松方幸次郎回国的条件于1959年建成的，建立之初的展览作品以松方幸次郎收集的从19世纪初到20世纪前叶的印象派绘画和雕刻为主。现在馆内共收藏了4400件西洋绘画、雕塑作品，如罗丹的雕塑作品《思想者》、鲁本斯的绘画作品《丰饶》和雷诺阿的《阿尔及利亚风格的巴黎舞女》以及以莫奈、高更为首的印象派画家的绘画作品。同时，作为涵盖西洋美术整体的唯一一家国立美术馆，国立西洋美术馆以展览业务为中心，开展与西洋美术相关作品及资料的收集、调查研究、保存修复、教育普及以及出版物的发行等活动	https://www.nmwa.go.jp/
国立近代美术馆	国立近代美术馆由位于千代田区北之丸公园内的本馆（1969年开馆）、位于石川县金泽市的工艺馆（1977年开馆）以及位于京桥的由国立近代美术馆1952年时的原址改造而成的影像中心构成。该馆以介绍东西方现代美术为宗旨，不断收藏和展示明治时代后半期至今的现当代艺术作品，包括绘画、雕塑、水彩、素描、版画、照片等。截至2016年，馆藏包括日本画839幅、油画1254幅、版画3051幅、水彩和素描4089幅、雕塑（立体造型）458座、影片56部、书籍21部、照片2720张、美术资料666册，总计藏品13154件	https://www.momat.go.jp/

第九章

中日文化产业交流合作的趋势与展望

一　中日文化产业交流合作现状

日本作为文化产业发达的国家，经过几十年的探索和发展，已经形成了成熟的市场体系和运作机制，积累了相当丰富的经验，这些都值得中国学习和借鉴。日本与中国一衣带水，共同的文化渊源为两国间的文化交流扫清了许多天然的障碍。国内的文化产业一直以来都切实地践行着与日本同业的交流与合作，并且通过不断的交流与合作汲取自身发展的养分。近年来，双方在商业展演、音乐影视、动漫游戏等新兴文化产业领域的交流与合作蓬勃发展。

（一）影视产业的交流合作

20 世纪 70 年代末至 90 年代初，时值改革开放初期，国家对外开放了部分文化市场，其时又恰逢中日外交蜜月期，《追捕》《望乡》等大量优秀的日本影视剧乘着这股东风涌进中国。1982 年，中日合作拍摄了首部合拍电影《一盘没有下完的棋》。对于 2000 年以前的中国观众来说，各个年龄段几乎都有自己熟悉的日本影视作品，《东京爱情故事》《血疑》《排球女将》《阿信》《奥特曼》等影视剧至今仍被中国观众津津乐道，而那时各大电视频道的重要时段也几乎都被日本影视剧所占据。

此后，中日关系走低，呈现“政冷经热”的现象。也正因为经济联系一直存在，所以中日之间影视合作并未中断。张艺谋导演、高仓健主演的《千里走单骑》，陈凯歌执导、中日韩三国影星主演的《无极》，以及张之亮导演、刘德华主演的由日本动漫改编的电影《墨攻》，都是近年来中日影视合作的缩影。

2015 年，《哆啦 A 梦：伴我同行》和《你的名字》在国内上映并收获超过 5 亿元的票房。此后的几年里，中日之间的影视合作愈加频繁。2017 年，中日合拍片《妖猫传》在日本上映，16 亿日元超高票房收入为日本影视公司参与中日影视合作注入了强心剂。2018 年初，上海星溯影业有限公司宣布与日本富士电视台达成战略合作，并发布了 2018 年的多部影视剧制作计划。同年 8 月，首部由中日合作的动画电影《肆式青春》在中日两国同步上映，该片由中日两国青年导演联合执导，日本著名动画导演新海诚的团队担纲制作。

2018 年 5 月 9 日，国务院总理李克强在访问日本期间，两国政府签署多项合作，其中包括支持两国电影合拍的协议。根据协议，两国政府对影片提供各方面的保障，使从业人员向当局呈报、申请签证和运输设备等工作可以顺利进行；中日合拍的电影可以得到与中国国产电影相同的待遇，不受进口电影数量限制。协议的签署将为中日合拍影片的拍摄和制作提供政策保障，对促进两国电影业界合作起到积极作用。正如外交部发言人耿爽所言：中国和日本分别是世界第二、第三大电影市场，希望双方能继续加强电影领域的交流与合作，将文化产业打造成为两国务实合作的新亮点，不断拉近两国人民心灵的距离，为中日关系持续改善和发展做出新的贡献。

（二）动漫产业的交流合作

日本是世界动漫产业的领军者，其发展模式一直凭着鲜明的特色在全球占有重要地位，中国国内市场长期受到日本动漫的影响。在漫画方面，20 世纪 90 年代至 21 世纪初，各大电视频道的黄金时段长期被各种日本动画霸占，原著漫画也随之在中小学生群体中流行起来。其中，青海人民出版社出版的《龙珠》和海南美术摄影出版社出版的《圣斗士》是当时引进漫画的代表，对于“80 后”“90 后”的动漫爱好者而言具有非凡的意义，几乎可以说是启蒙之作。而这些动漫爱好者也是中国第一批日本漫画的读者群体，庞大的群体基数为日本漫画在中国市场的发展奠定了坚实的受众基础。近年来，中国动漫市场逐渐成熟，版权保护也日趋完善，再加上第一批日漫的主要受众群体已成为社会消费的主力，这无疑是一个潜力巨大的广阔市场。在动画方面，早在 20 世纪八九十年代我国就已经引进了大量的优秀日本动画作品，近年来更是大量购买日本动画作品的版权。日本动画协会的年度报告显示，自 2013

年始，中国大陆购买的日本动画作品数量总体呈上升趋势，2016 年一度增至 355 部，首次成为世界第一大日本动画版权采购方。此后有所回落，但依然位列世界前三，高于绝大多数世界主要大国。

当前，日本国内动漫市场趋近饱和，产能严重过剩，动漫产业在 2008 年达到高点后数年不振。近年来略微的增长点体现在以中国为代表的海外市场版权销售和相关周边商品的开发上，标志着日本动漫产业越发依赖海外市场。

2013 年初，腾讯动漫与日本集英社达成版权合作，获得该社包括《火影忍者》《航海王》《龙珠》《银魂》等在内的 11 部经典漫画作品的电子版发行权。这是日本集英社首次在中国授权漫画电子版权，堪称中国动漫界最大规模的版权合作。此后，腾讯动漫又陆续与角川集团、讲谈社、小学馆等日本主要的漫画出版社开展合作，持续引进大批优秀的日本漫画作品，并且产生了巨大的效益。从此，中日文化娱乐 IP 的交流与交易进入一个全新的阶段，大量日本漫画改编的游戏、影视剧乃至舞台剧进入中国。

近年来，由经典漫画 IP 培育出来的“二次元”文化开始在中国广泛流行。中国市场对优质 IP 需求非常强烈，中国企业对综合开发 IP 的热情持续高涨。东映动画在 2015 年的财报中提到，“多部作品在面向中国市场的配信权销售方面”贡献了重要业绩。2016 年，日本的 16 家动画制作公司与 196 个海外国家或地区签署了 4345 份合同，其中美国签得最多，中国大陆以 286 份合同排在第二，从中国获得版权费收入约为 14 亿元。

在日本动画产业喜忧参半的发展现状中，中国势力展示了强烈的存在感。目前，国内几乎可以享受与日本新番同步更新的待遇。B 站上，《工作细胞》播放量突破一亿次，《后街女孩》也超过 3100 万次，在新番动画排行中保持在前三。《后街女孩》动画制作人员在访谈中还特意提及中国观众。以爱奇艺、优酷、腾讯和 B 站为首的中国视频网站，通过购买新番版权，给日本动画公司的收入增加做出了巨大贡献。

在动画业界，以前有很多日本动画会将一些原画、分镜等环节外包给国内的动画制作公司，以节约成本。而国内的这些公司也正是靠着这些外包订单锻炼了制作能力，积累了丰富的制作经验，同时得以生存。随着国产动画的崛起，国内动画市场欣欣向荣，目前，已有不少国产动画开始向日本同业发出外包订单了。同时，两国已经在合作制作动画方面展开了一定的探索和尝试。如《凸变英雄》《喂，看见耳朵啦》《快把我哥带走》《从前有座灵剑山》等，都是日本根据中国原创故事制作的动画作品，它们在日本获得了良好的口碑。

（三）游戏产业的合作交流

日本游戏产业在研发实力上仅次于美国，在 20 世纪 80 年代，美国雅达利游戏市场崩溃后，以日本任天堂 FC 机、《超级马里奥》为代表的游戏产品占领美国市场长达 20 年之久。从消费市场规模来看，日本是亚太地区仅次于中国的第二大游戏市场，在游戏产业历史上，日本一直扮演着非常重要的角色。

中日在游戏产业方面的交流发端于游戏设计理念的借鉴与学习。20 世纪 90 年代，角色扮演类游戏开始盛行，与欧美角色扮演游戏（例如《古墓丽影》系列）主打动作、冒险、写实、即时战斗的设计理念不同，日本的角色扮演游戏更关注剧情，美术风格更倾向于卡通可爱，战斗机制多为回合制，形成了以《勇者斗恶龙》为代表的 JRPG（Japanese Role-Playing Game，日式角色扮演游戏）游戏类型，这在一定程度上影响了中国原创游戏的研发风格，例如《仙剑奇侠传》等经典作品。

日本游戏市场相对封闭，日本玩家更偏向自身文化题材的游戏，文化壁垒使欧美厂商难以进入；任天堂、索尼等游戏主机的长期流行，使日本玩家更习惯主机平台的游戏；相对于中韩，日本的个人电脑普及较为迟缓，以个人电脑为主的网络客户端游戏并不流行，这些市场特点使得日本的游戏进口极为艰难。

然而近年来，随着移动游戏市场不断占据市场份额，在移动游戏研发上走得更远的中国，开始在日本游戏市场上扮演越来越重要的角色。2017 年，中国游戏在日本市场主打 IP 和契合日本文化的游戏，包括二次元游戏和旧日本海战题材游戏，《阴阳师》《崩坏学园 3》《碧蓝航线》等游戏在日本市场颇受欢迎，2018 年，网易《荒野行动》在日本大获成功，不仅仅长期占据 App Store 榜单前列，收入更是达到 2.74 亿美元，占该游戏全球总收入的 74%。

（四）音乐产业的交流合作

在亚洲，日本音乐产业（唱片产业）一枝独秀，市场占有率为 85%，远超过中国、韩国、印度、泰国等亚洲国家和我国台湾地区。国际唱片产业联盟发布的统计数据显示，2012 年日本全年的音乐 soft 销售金额约为 43 亿美元（约 4200 亿日元），超过美国的 41 亿美元，成为世界第一。在世界音乐市场，除 CD、唱片等以外的音乐 soft 比例仅占 57%，但日本却占了整个市场份额的 80%。

20 世纪以来，我国每年从日本进口的唱片或引进的音乐产品并不多。近年来，随着数字音乐内容的崛起，中国音乐产业的发展发生了翻天覆地的变化,2017 年跻身全球前十。中国音促会发布的《2017 音乐产业发展报告》显示，2014~2016 年中国在线音乐产业市场规模增速保持在 50% 左右。其中，2017 年中国在线音乐市场规模为 85 亿元，2018 年突破 100 亿元。

近年来，中日两国在音乐产业方面开展了诸多合作。2018 年 8 月中旬，网易云音乐宣布与成立于 1931 年的日本唱片公司国王唱片株式会社（King Records Co.）达成版权合作。据悉，目前国王唱片株式会社的曲库中包含 234 部动画以及 45 名声优的相关音乐，相当一部分动画音乐人及音乐作品在中国颇有人气。比如，林原惠、水树奈奈、宫野真守、小仓唯、苍井翔太等歌手 / 组合，以及《亚人》《再见！绝望先生》等作品的原声带。

2018 年 10 月 18 日，日本音乐娱乐业界的年度盛事“Music Storm 2018”在位于六本木的前六本木剧院隆重举行。太合音乐集团宣布与日本领军的音乐娱乐集团胜利娱乐集团（Victor Entertainment Group）达成深度战略合作，双方将在演出、音乐发行、周边商品以及粉丝俱乐部上展开合作。胜利娱乐集团是日本规模最大、最成功的独立音乐集团之一，拥有众多分属不同领域的子厂牌，云集了日本市场上的顶尖音乐人，包括木村拓哉等流行偶像，坂本真绫、夏代孝明、Reol 等动漫音乐人气唱将。太合音乐集团拥有太合麦田、大石版权、亚神音乐、兵马司唱片等华语音乐厂牌，更凭借全年策划、举办、售票超 16000 场 Live House 演出，占据独立音乐演出市场 70% 以上的份额。

（五）出版产业的交流合作

角川控股集团是日本的一家大型传媒集团，其前身角川书店成立于 1945 年，是日本有名的出版社之一，业务横跨出版、影视及数字媒体领域。角川集团的出版业务以轻小说见长，在轻小说界具有压倒性优势，旗下现有五个主要的轻小说文库，分别为角川 Sneaker 文库、富士见 Fantasia 文库、电击文库、Fami 通文库以及 MF 文库 J，代表作品有《凉宫春日系列》《灼眼的夏娜》《夏日大作战》《无头骑士异闻录 DuRaRaRa!!》等。

2010 年 4 月 12 日，湖南天闻动漫传媒有限公司与角川集团中国有限公司共同出资，在中国广州设立广州天闻角川动漫有限公司，专攻方向为角川集团漫画、轻小说的代理发行，同时兼顾引进发行与鼓励本地原创。

2015 年 7 月 10 日，腾讯动漫与广州天闻角川动漫有限公司以及角川集团海外事业局共同宣布双方正式达成战略合作。腾讯动漫将通过天闻角川引进优质轻小说的电子网络版权，开辟轻小说专页供读者阅读。消息一经公布，动漫行业及众多轻小说爱好者都给予了高度的关注。随后，腾讯动漫团队历时数月搭建轻小说频道，打造出了阅读体验良好、适合轻小说形态的在线阅读平台；天闻角川精心挑选了首批 20 部（约 100 分册）拥有极高人气的系列作品率先与读者见面，其中包括《无头骑士异闻录 DuRaRaRa!!》《打工吧！魔王大人》《阳炎》等多部已经动画化的作品。2015 年 10 月 19 日，经过近一年时间的策划、商谈，腾讯动漫通过天闻角川成功引入角川集团的一大批知名轻小说，首批高人气作品的简体中文电子版在腾讯动漫官网的轻小说频道正式上线。此次合作得到角川集团旗下 Ascii Media Wokrs、Media Factory、Enterbrain 等多家出版社的大力支持，同时也开启了腾讯动漫与天闻角川的全面合作，未来双方还将在版权共享、动漫项目开发、推广等方面展开更多深入合作。

2016 年 9 月 7 日，角川集团发布公告，宣布腾讯动漫已从中南出版传媒集团手中收购广州天闻角川动漫有限公司 41% 的股权，成为该公司的第二大股东。角川集团透露，未来腾讯动漫将加速引入天闻角川的漫画、轻小说等作品，天闻角川在内容上有优势，腾讯平台有高新技术和巨大的用户基数，双方将在中国传媒市场成为战略合作伙伴。

二　中日文化产业交流与合作的特点

新中国成立后，中日两国一直保持民间文化交流，主要形式有文艺演出、文物展览、学术交流和人员往来等。1979 年 12 月，两国签署《中日文化交流协定》，确定了加强两国文化、教育、学术、体育等方面交流的目标。在双方共同努力下，中日文化交流与合作全面展开，呈现官民并举和多渠道、多形式的新局面，其范围之广、规模之大、数量之多、活动之频繁、内容之丰富，在中国与其他国家的文化交流当中处于领先地位。中日文化交流呈现以下特点：一是共同文化渊源深厚，文物、书法、诗歌、水墨画、戏剧（京剧、歌舞伎）等传统东方文化的交流独树一帜；二是民间交流占据主体。据统计，目前民间文化交流约占文化交流总量的 95% 以上。目前，日本成为中国最重要的文化贸易伙伴之一。在此基础上，中日文化产业交流与合作呈现如下特点。

1. 相互影响和促进

日本自古以来就深受中国文化的影响，而到了近现代，两国在文化产业上可谓是相互影响和促进。

还是以动漫为例，1941 年，万氏兄弟制作了亚洲第一部动画长片《铁扇公主》，在亚洲引起了巨大的反响。日本动画和漫画的鼻祖手冢治虫，就是在看了这部动画后放弃学医，决定从事动画创作的，由此开创了日本的动漫帝国。在某种程度上，可以说中国启蒙了日本的动漫产业。而 20 世纪八九十年代日漫的大流行，一方面占据了国内的市场，另一方面也培养了国内读者群体的审美和艺术鉴赏能力，无形中奠定了国产动漫的基础。近年来国漫的崛起，靠的正是当初这一群有情怀的读者，他们有的成为创作者，有的成为忠实的读者，对国产动漫的发展起到了重要的作用。早年来自日本的外包订单让处于初创阶段的国内动漫人得以生存并且磨炼制作技能，如今随着国漫的蓬勃发展，国内的动漫企业开始反向发包给日本同业来节约制作成本。其中都体现着中日动漫产业的相互影响和促进。

在游戏产业方面，从家用机到街机再到主机，日本游戏曾经一度占据了国内大部分市场。国产游戏的启蒙也受到了日式角色扮演类游戏的深刻影响，《仙剑奇侠传》《轩辕剑》等作品至今依然在国产游戏史上占据着重要的地位。而随着国内游戏产业的不断成熟以及移动游戏市场不断攀升的市场份额，近年来在移动游戏研发上走得更远的中国开始反过来进军日本游戏市场，像《阴阳师》《崩坏学园3》《碧蓝航线》《荒野行动》等游戏都受到日本玩家的欢迎，行业也见证了国产游戏超越自己的“老师”、青出于蓝而胜于蓝的成绩。

2. 年轻群体是主要的目标受众

中日之间的文化交流当然不乏传统文化艺术和高雅艺术，然而这些毕竟需要一定的阅历积累和技艺磨炼，受众面较窄且年龄段较高，因此无法形成大规模的产业。真正能产生规模效益的，还是普罗大众都能消费的大众文化产业。而在大众文化产业中，特别是在以动漫、游戏、流行音乐为主的新兴领域，主要的消费群体还是年轻人。这一现象在文化产业相对发展成熟的日本还不那么明显，在方兴未艾的中国就体现得尤为明显。鉴于年轻群体对于两国文化产业的发展的高贡献率，迎合年轻人的口味和需求就显得尤为重要。可以看到的是，近年来两国在文化产业的合作基本上都是围绕年轻人感兴趣的内容展开的。

三　存在的问题和困境

（一）中国知识产权保护力度仍需加大

影视剧是中日文化交流的热点之一，为了能够及时收看某些未在国内公开上映的作品，在中国诞生了字幕组这一团体。他们通过非正规渠道获得片源，然后自发翻译字幕并分享至网络，给观众带来了巨大便利，但其行为无疑违反了中日两国的著作权法，并造成网上盗版资源泛滥。

文化产业对于中国而言是真正的朝阳产业，发展初期不太成熟，会出现许多问题和不足。知识产权保护问题若不加以重视，会对中日两国的文化产业交流与合作产生极其不良的影响。应当加强审查针对境外知识产权的盗版侵权行为，及时清理各种盗版产品，并且提高知识产权治理的法治化水平，加大对侵犯境外知识产权行为的打击、惩治力度。

（二）中日间存在的文化隔阂带来的困扰

中日两国互为最重要的近邻，历史上日本曾长期将中国作为文化、技艺等的学习目标，近代随着日本工业的飞速发展，中国又将日本作为学习对象。尽管中日两国长期以来就存在着非常紧密的联系，并且华夏民族与大和民族在血缘上也极为接近，但是由于种种原因，中日之间存在着难以言明的文化隔阂和民族芥蒂，这就让中日两国在看起来繁荣的经济和文化交往活动中，增加了很多无形的困扰和阻碍。总体上看，中日两国仍旧是相互间最为重要的合作伙伴，尽管短期内相互间的文化隔阂难以避免，但是从长久来看，放下芥蒂、认清历史、合作共赢才是两国长期相处的共同目标，也是两国关系发展的正确方向。

四　中日文化产业交流合作的趋势与展望

随着经济全球化进程的持续深入，国与国之间的经济联系日益紧密，产业之间也早已打破国境的限制，形成了全球范围内的产业链条。另外，《区域全面经济伙伴关系协定》（RCEP）的签署标志着全球第二、第三大经济体的中国和日本首次建立了自贸伙伴关系，这将推动中日经贸合作不断得到拓展和深化。在这个背景下，中日两国在文化产业领域的交流与合作也只会越来越密切。

中日两国文化市场的要素禀赋不同。我国的文化产业尚处于起步阶段，伴随着中国全面建成小康社会，人民生活水平不断提高，文化消费的需求日益旺盛，再加上庞大的人口基数，形成了巨大的市场需求。而日本作为文化产业相对发达的国家，经过几十年的探索和发展，已经形成了成熟的市场体系和运作机制，积累了相当丰富的经验，产业成熟度高，营商环境优越，国际竞争力强，具有集聚国际文化资源的能力。因此，中日文化产业的互补性极强，相互合作的空间和潜力巨大。对中国文化市场而言，应当适时地利用一些政策优势，如北京的“文化保税区”政策以及北京自贸区关于发展文化产业和文化贸易的相关政策，吸引日本的文化类企业到中国开展投资和贸易。

2020 年，受新冠肺炎疫情影响，中日双边人员往来由 2019 年的 1279.5 万人次骤降至 151.7 万人次，其中我国公民赴日本 128.5 万人次，日本人员来华 23.2 万人次，线下的交流活动受到一定限制。目前，双方已经同意疫情结束后，全面恢复双边人员往来，扩大地方交流合作，届时双方可以做更多设计，包括恢复修学旅行，在体育、文艺、教育、影视、动漫等领域更加活跃地开展交流合作。2020 年东京奥运会和 2022 年北京冬季奥运会都为中日两国进一步加强联系、修复两国之间紧密合作的关系创造了条件，同时也为 2022 年中日邦交正常化 50 周年营造更好的氛围。相信无论是国际经贸往来，还是文化产业交流，一衣带水、文化同源的中日两国，仍将具有良好的发展前景，未来双方仍将是各自最为重要的合作伙伴。

参考文献

「文化産業の経済規模及び経済波及効果に関する調査研究事業報告書」文化庁、2016 年 3 月。

「デジタルコンテンツ白書 2016」デジタルコンテンツ協会、2016 年 9 月。

「コンテンツの世界市場・日本市場の概観」経済産業省。

「文化芸術の経済的・社会的影響の数値評価に向けた調査研究報告書」『文化行政調査研究』（平成 30 年度）文化庁、2019 年 3 月。

「平成 29 年度知的財産権ワーキング・グループ等侵害対策強化事業におけるコンテンツ分野の海外市場規模調査」経済産業省、2017。

『UNI 映像年鑑 2004』、2014。

「CGWORLD」『CG& 映像クリエーターズ年鑑』、2007 年 4 月。

『NHK 年鑑（2005）』、NHK 放送文化研究所、2005 年 11 月。

「オリコンランキング」『オリコン年鑑』、2006 年 3 月。

「カラオケ白書」、全国カラオケ事業者協会、2006。

「テレビゲーム産業白書」、メディアクリエイト総研、2006 年 4 月。

「オンラインゲームフォーラム白書」、日本オンラインゲーム協会、2006 年 5 月。

「我が国の文化政策 2017」文化庁、2017。

「情報メディア白書 2017」電通総研、2017 年 2 月。

「平成 26 年度出版物の流通促進に向けた契約の在り方に関する調査事業報告書」経済産業省、2015 年 3 月。

『出版月報』出版科学研究所、2017 年 1 月。

『出版指標年報』出版科学研究所、2016 年 4 月。

「中小企業支援調査（生活文化産業支援のあり方に関する調査）調査結果報告書」博報堂、2009。

「感性価値創造イニシアティブ—第四の価値軸の提案」経済産業省、2007 年 6 月。

根本昭:《日本の文化政策》，勁草書房，2001。

"Japan Animation Industry Trend, " *Jetro Japan Economic Monthly*, June 2005.

《日本文化产业介绍报告》，日本贸易振兴机构，2007。

白如纯、唐永亮:《试析"酷日本"战略及其影响》,《国际论坛》2015 年第 1 期。

半田昌之、邵晨卉:《日本博物馆的现状与课题》,《东南文化》2017 年第 3 期。

北京第二外国语学院国家文化发展国际战略研究院、国际服务贸易暨国际文化贸易研究中心:《中国文化贸易经典案例研究》，中国商务出版社，2014。

北京第二外国语学院国家文化发展国际战略研究院、首都对外文化贸易研究基地、国家文化贸易学术研究平台:《中国文化贸易经典案例研究》(第 2 辑)，中国商务出版社，2018。

曹海燕:《日本动漫产业商业模式研究》，硕士学位论文，北京工商大学，2007。

常静竹:《日本文化产业政策及对我国的启示》，硕士学位论文，河北大学，2013。

常宁洲:《谈谈日本的博物馆》,《文博》1994 年第 3 期。

陈博:《日本动漫产业的发展历程及其特点》,《日本学论坛》2008 年第 3 期。

陈蕙:《日本旅游业发展及特点研究》，硕士学位论文，华东师范大学，2009。

窦重山:《日本漫画出版业发展述略》,《日本研究》2010 年第 1 期。

范颖、梁雅诗:《日本电视业与社交网络的媒介融合现状》,《当代电视》2015 年第 6 期。

甘旭峰、一诺:《日本文化产业发展经验对我国文化产业振兴规划实施的启示》,《当代财经》2010 年第 6 期。

高柳旭:《AR 技术的先驱者——〈口袋妖怪 GO〉》,《中国商界》2016 年第 8 期。

郝智:《日本的"文化教育产业"》,《人才开发》1996 年第 5 期。

胡越、储静伟、沈靓:《东京:"酷日本"3 年前升为国策，动漫游戏产业形成产业链》,《东方早报》2013 年 6 月 5 日。

金晓彤、樊茜:《日本国际观光业的发展路径及成效分析》,《现代日本经济》2018

年第1期。

靳丽芳:《2009年日本电影产业的光和影》,《电影艺术》2010年第5期。

菁琳:《美国也有哈日族》,《华盛顿观察》2004年第20期。

李彬、于振冲:《日本文化产业投融资模式与市场战略分析》,《现代日本经济》2013年第4期。

李常庆、魏本貌:《日本动漫产业探析》,《出版科学》2010年第4期。

李常庆:《日本出版流通体制研究》,《北京大学学报》(哲学社会科学版)2000年第3期。

李常庆:《日本动漫产业与动漫文化研究》,北京大学出版社,2010。

李海霞:《日本文化产业战略思想及其启示》,《现代日本经济》2010年第6期。

李怀亮主编《国际文化市场报告》,首都经济贸易大学出版社,2014。

李嘉珊:《国际文化贸易论》,中国商务出版社,2016。

李菁:《日本游戏产业的发展分析及对我国的启示》,硕士学位论文,重庆工商大学,2013。

李小牧、李嘉珊:《首都文化贸易发展报告(2020)》,社会科学文献出版社,2020。

李小牧、李嘉珊:《中国国际文化贸易发展报告(2019)》,社会科学文献出版社,2020。

李燕军:《浅析日本旅游经济》,《现代日本经济》2008年第2期。

刘瑶:《日本动漫产业的发展历程、驱动因素及现实困境》,《现代日本经济》2016年第1期。

刘云、赵勍:《战后日本产业技术创新支持体系的路径依赖及其创造》,《生产力研究》2010年第11期。

泷泽意伲:《日本文化产业的发展与启示》,《国际贸易》2006年第10期。

欧阳康:《日本电视产业的特点与发展脉络》,《深圳大学学报》(人文社会科学版)2005年第3期。

齐春燕:《日韩文化产业发展模式比较研究》,《科技与出版》2012年第12期。

饶世权:《日本文化产业的立法模式及其对我国的启示》,《新闻界》2016年第11期。

饶世权:《日本文化产业法律制度及其启示》,《出版科学》2016年第2期。

任宏妮:《中日两国博物馆机构设置之比较》,《史前研究》2002年第00期。

石泽毅:《从四季剧团的经营看表演艺术的产业化》,《北京观察》2003 年第 12 期。

孙洪军、盛金:《日本出版产业困境解析》,《现代日本经济》2007 年第 5 期。

孙洪军:《日本出版产业的特点与发展经验》,《中国出版》2007 年第 7 期。

唐向红、李冰:《日本文化产业的国际竞争力及其前景》,《现代日本经济》2012 年第 4 期。

王树义、陈君:《日本大学动漫人才的培养特点》,《教育评论》2013 年第 5 期。

王益主编《中国大百科全书》,锦绣出版社,1992。

吴存东、吴琼:《文化创意产业概论》,中国经济出版社,2010。

熊澄宇:《世界文化产业研究》,清华大学出版社,2012。

薛芹:《日本现代旅游业的发展历程及发展方向》,硕士学位论文,苏州大学,2006。

杨贵山:《国际出版业导论》,北京大学出版社,2010。

杨建兴:《"酷日本"引领下的文化产业总动员》,《中国文化报》2012 年 9 月 5 日。

杨瑾:《20 世纪 60 年代以来的日本终身教育政策研究》,硕士学位论文,云南师范大学,2006。

姚林青:《繁荣与威胁:日本动漫产业的现状分析》,《艺术生活》2007 年第 5 期。

易华:《日本继续教育文化创意人才培养的成功经验及其启示》,《继续教育》2014 年第 8 期。

尹良富:《日本动画产业的主流投资模式——作品制作委员会模式及案例分析》,《现代传播》(中国传媒大学学报)2012 年第 1 期。

尹良富:《转型:从出版商到基于知识产权创造的娱乐内容提供商——日本角川 (KADOKAWA) 的经验及启示》,《现代传播》(中国传媒大学学报)2014 年第 9 期。

尹章池:《文化产业概论》,北京大学出版社,2014。

于萌:《日本旅游政策对我国旅游发展的促进及启示》,《旅游纵览》2011 年第 16 期。

张爱平、何静:《日本文化产业》,山东教育出版社,1996。

张彬、晏丹:《中日文化产业投融资模式比较》,《商业时代》2012 年第 4 期。

张诚信:《论中国参与全球知识产权治理的贡献——以中日文化产业交流为例》,《法制与社会》2020 年第 11 期。

张光新、李可:《"酷日本"战略及其对日本外交的影响》,《东北亚学刊》2017 年第

2 期。

张建民:《日本旅游产业发展研究》，博士学位论文，吉林大学，2012。

张胜冰、徐向昱、马树华:《世界文化产业导论》，北京大学出版社，2012。

张雪:《讲谈社的数字化策略》,《出版参考》2015 年第 1 期。

张雪:《日本动漫的文化特征及其对中国动漫的发展启示》，硕士学位论文，吉林大学，2008。

赵建中:《浅析日本文化政策——从政府主管到地域自治》,《上海艺术评论》2017 年第 2 期。

赵敬:《21 世纪初日本文化政策的重点及启示》,《日语学习与研究》2013 年第 2 期。

赵敬:《冷战后日本文化发展战略简析》,《日本学刊》2010 年第 6 期。

赵政原:《日本拓展文化产业的经验及对我国的启示》,《世界经济与政治论坛》2008 年第 5 期。

支菲娜:《2015 年日本电影产业观察》,《电影艺术》2016 年第 2 期。

后 记

2014年3月，国务院颁布了《关于加快发展对外文化贸易的意见》，同年6月，我所在的北京第二外国语学院国家文化发展国际战略研究院受商务部服务贸易和商贸服务业司委托，就开拓海外文化市场展开研究，发展文化贸易重要的基础条件之一是要了解海外文化市场，没有对文化市场的全面了解和客观分析，进行文化贸易必然是盲目的。基于此，在5个月后我们提交了调研报告，其中把中东欧国家文化市场定义为“被我们遗忘的市场”……2014年7月7日，文化部对外文化联络局发来红头文件《关于委托北京第二外国语学院牵头组建国家文化贸易学术研究平台的函》，从那时起，北京第二外国语学院的文化贸易研究团队就机制化地承担起更重要的责任和使命。

2015年初，文化部对外文化联络局欧亚处召集有关部门探讨有关中国与中东欧国家文化交流与合作事项，我提出愿意孵化编撰有关中东欧国家文化市场研究的出版物，同时可以组织召开中国与中东欧国家文化创意产业论坛……彼时，正值中国“一带一路”构想全面实施的开局之年，“一带一路”倡议从顶层设计和规划走向逐步落实，正在走向实质进展阶段。在文化部对外文化联络局的充分信任和大力支持下，“中国—中东欧国家文化创意产业论坛”、《中国—中东欧国家文化创意产业概览》被列入“中国—中东欧国家合作苏州纲要”，此后在中东欧国家文化管理和促进部门的积极协助下，于2016年5月在塞尔维亚贝尔格莱德成功举办了首届“中国—中东欧国家文化创意产业论坛”，论坛上发布了《重新发现：中国—中东欧十六国文化创意产业概览》（汉英对照）上下册……可以说历经这16个月，最大的收获莫过于我们找到了与外方共同推动合作研究的恰当模式，与此同时，即启动孵化“国际文化市场研究”系列丛书。2017年“中国（北京）国际服务贸易交易会”在北京如期举办，时任商务部服务贸易和商贸服务业司司长冼国义在由北京第二外国语学院主办的“第十一届国际服务贸易论坛”开幕式上宣布启动共建“一带一路”主要国家文化市场研究项目。

基于日益夯实的中外合作交流机制，《丹麦文化市场研究》《澳大利亚文化市场研究》《法国文化市场研究》《泰国文化市场研究》相继正式出版发行。此前的这四年又在孕育、孵化、耕耘一切的可能性。

《国际文化市场研究·印度卷》得益于中国国家文化贸易学术研究平台与印度中国经济文化促进会的务实合作。2017年在中国国内的一次学术交流活动，我与印度中国经济文化促进会的艾尔凡·亚兰（Irfan Alam）先生交谈后，双方都有强烈的合作愿望，很快便促成了我们双方签署合作协议，务实合作的第一个项目就是由印度中国经济文化促进会秘书长、经济学家穆罕默德·萨奇夫（Mohammed Saqib）先生主笔的《国际文化市场研究·印度卷》。

《国际文化市场研究·西班牙卷》始于2016年12月我们在比利时召开的“中国—欧盟创意产业及文化贸易论坛”，其中在比利时布鲁日欧洲学院的论坛之后，许雯女士与我就文化贸易的一些基本问题进行了探讨，此后她成为欧洲创意文化Creative-Culture的创始人，在她的积极推动下，时任欧洲委员会议会议员、欧洲议会议员、国际影业委员会电影艺术与电影艺术研究所所长及文化部部长伊格拉斯·盖丹斯（Ignasi Guardans）先生（西班牙）承担起《国际文化市场研究·西班牙卷》的牵头组织撰写工作。

《国际文化市场研究·波兰卷》得益于波兰文化与民族遗产部（现更名为波兰文化、民族遗产与体育部）鼎力支持，特别是要感谢波兰文化与民族遗产部国际关系司首席专家阿伽塔（Agata Kurdziel）女士与高级专家安娜（Anna Ceynowa）女士，2017年在北京“京交会”期间，她们促成了中国国家文化贸易学术研究平台与波兰国家文化中心签署战略合作协议。2018年，波兰文化与民族遗产部作为主办方之一成功举办了第三届“中国—中东欧国家文化创意产业论坛”，波兰副总理兼文化与民族遗产部副部长彼得·格林斯基教授参加了论坛并发表演讲，会议之后我们又进行了小范围会谈，印象最深刻的是副总理先生始终以“教授”称他本人与来自中国的我，让我强烈地感受到他对中国学者的尊重与信任。此后《国际文化市场研究·波兰卷》在双方的共同努力下，由中方编写组主导完成。

《国际文化市场研究·日本卷》是最多舛的，当然，今天看来“一切安排也都是最好的”。本书的重要作者是北京第二外国语学院中日韩合作研究中心主任江新兴教授，2017 年初，我向他请教此事并希望得到他的同意，江教授谦逊有度、治学严谨，我们相互交流了多次，后来，江教授在赴日本做访问学者的一年多时间里也拜访了日本许多专家，如日本九州大学郭俊海教授、横滨商科大学小林二三夫教授等。另外，北京第二外国语学院日语学院研究生魏奎、刘晨钰、石优优三位同学为收集资料做了很多贡献，特别要提到的是国内唯一的北京第二外国语学院交叉学科国际文化贸易专业（日本文化贸易方向）的刘昂、许婉玲两位研究生，日语语言应用能力极强，又有文化贸易学科专业知识，对于日本文化市场的理解和思考非常深入，为本书的成功做出了巨大的努力。

诚如上述，这项研究极具开创性，且由中方学术机构主导，是基于中外长期学术交流的合作成果。今天，中国国家文化贸易学术研究平台已经拥有 19 个国家的 23 家紧密合作伙伴，学术外交角色日益显现。如今，我们充分发挥“学术外交”角色的独特作用，成为中国文化有效“走出去”的理论探索者与构建者、实践的学术先行者、政府决策咨询的建议者和推动者、人才培养模式创新的领航者、文化遗产传承与发展的护航者、产业贸易促进的倡导者与服务者。我们的团队是由有理想、有抱负的哲学社会科学工作者组成的，必然立时代之潮头、通古今之变化、发思想之先声，积极为党和人民述学立论、建言献策，担负起历史赋予的光荣使命。不追逐名利、不蹭热点，依然坚守“不做书斋里的学术机构，不做纸上谈兵的智库，把学术文章写在提升中华文化国际影响力的发展之路上！”为国际文化贸易的学术推广、为中华文化进行有效的国际传播做出力所能及的贡献。

是以为记。

李嘉珊

2021 年 8 月 14 日于北京

图书在版编目(CIP)数据

国际文化市场研究. 日本卷 / 江新兴等编著. -- 北京：社会科学文献出版社, 2021.12
ISBN 978-7-5201-9584-3

Ⅰ. ①国… Ⅱ. ①江… Ⅲ. ①文化市场-研究-日本 Ⅳ. ①G114

中国版本图书馆CIP数据核字（2021）第270854号

国际文化市场研究 · 日本卷

编　　著 / 江新兴　李嘉珊 等

出 版 人 / 王利民
组稿编辑 / 蔡继辉
责任编辑 / 王玉霞
文稿编辑 / 顾　萌
责任印制 / 王京美

出　　版 / 社会科学文献出版社 · 城市和绿色发展分社（010）59367143
地址：北京市北三环中路甲29号院华龙大厦　邮编：100029
网址：www.ssap.com.cn
发　　行 / 市场营销中心（010）59367081　59367083
印　　装 / 三河市东方印刷有限公司

规　　格 / 开　本：787mm×1092mm 1/16
印　张：10.5　字　数：165千字
版　　次 / 2021年12月第1版　2021年12月第1次印刷
书　　号 / ISBN 978-7-5201-9584-3
定　　价 / 280.00元（全四卷）

本书如有印装质量问题，请与读者服务中心（010-59367028）联系